立金银行培训

立金银行培训中心丛书

商业承兑汇票

融资操作培训手册（二）

立金银行培训中心教材编写组◎著

中国经济出版社
CHINA ECONOMIC PUBLISHING HOUSE
北京

图书在版编目(CIP)数据

商业承兑汇票融资操作培训手册.2/立金银行培训中心教材编写组著.
北京:中国经济出版社,2016.2
ISBN 978-7-5136-3884-5

Ⅰ.①商… Ⅱ.①立… Ⅲ.①承兑汇票—融资—技术—培训—手册 Ⅳ.①F830.46-62

中国版本图书馆CIP数据核字(2015)第164115号

责任编辑 张梦初
责任审读 贺 静
责任印制 马小宾
封面设计 华子图文设计公司

出版发行 中国经济出版社
印 刷 者 北京科信印刷有限公司
经 销 者 各地新华书店
开 本 710mm×1000mm 1/16
印 张 13
字 数 220千字
版 次 2016年2月第1版
印 次 2016年2月第1次
定 价 42.00元
广告经营许可证 京西工商广字第8179号

中国经济出版社 **网址** www.economyph.com **社址** 北京市西城区百万庄北街3号 **邮编** 100037
本版图书如存在印装质量问题,请与本社发行中心联系调换(联系电话:010-68330607)

PREFACE

>> >序

商业承兑汇票是最锋利融资工具

立金培训中心一直在多家银行、小贷公司、担保公司、保理公司，甚至是互联网金融公司培训票据业务。商票业务由于操作便利，融资成本相对较低，受到了市场的欢迎。

一、为什么要学习商业承兑汇票

新形势下，对于刚进银行的新客户经理，应主动学习产品，而商业承对汇票就是一个非常好的着手点。

拉存款要靠产品的创新。因此，客户经理要懂得转变思路，不要去尝试“关系营销”，而应转向“专业营销”。

那么，对于小贷公司、票据金融服务公司、互联网金融公司这类客户，我们该如何开发呢？答案是把握住商业承兑汇票这一产品。目前，市场上商票签发量极大，拥有极大市场空间。由此可见，商业承兑汇票给我们客户经理创造了很多的业务机会，值得大家认真学习。

二、商业承兑汇票的价值

现在市场上，银行面临的风险巨大，这要求经营贷款机构要更加谨慎和有智慧。商业承兑汇票由于一般基于真实贸易背景，而且有承兑人的付款承诺为依托，持票人持商业承兑汇票向贷款机构申请贷款，风险相对可以控制。

经过总结，票据是拓展客户的有效手段，而商业承兑汇票的效果更加锋利，这是一款非常有效的产品，在实际营销过程中非常有效。

在银行各类信贷产品中，商业承兑汇票风险资产占用为零，商业承兑汇票可以100%将收款人的票据索回，所以，银行和小贷公司等应当优先推荐使用商业承兑汇票。贷款和银行承兑汇票风险资产占用100%，很难实现锁回票源，所以，银行和小贷公司应当尽量避免推荐使用。使用商业承兑汇票将会使客户大幅增加，信贷收益大幅提升。

我们在很多股份制银行和贷款公司、金融服务公司培训了商业承兑汇票的创新产品，都收到了非常好的效果。也因此，我们将培训课件整理，形成了本书。

这本书，就是对所有票据从业人员讲解商业承兑汇票的智慧，希望大家能够理解和掌握商业承兑汇票的操作要点，尽快将商业承兑汇票业务开展起来。

北京立金银行培训中心

PREFACE

>>> 前言

在中国的金融大潮中，银行机构面临的风险巨大，这就要求经营贷款机构更加谨慎和有智慧。经过实践，我们认为，商业承兑汇票由于一般基于真实贸易背景，并且有承兑人的付款承诺为依托；另一方面，目前市场上商业承兑汇票的签发量极大，对于银行机构来讲，将拥有极大的市场空间。

相比较而言，在银行各类信贷产品中，商业承兑汇票风险资产占用为零，其可以100%将收款的票据索回；而银行承兑汇票风险资产占用100%，很难实现索回票源。所以，银行和小贷公司应当优先推荐使用商业承兑汇票，从而大幅度增加客户数量，提高信贷收益。

为此，立金银行培训中心以多年积累的经验和资料为基础，特组织相关专家编写了此书，最大的特点就在于实务培训。具体而言，本书具有以下特点：

一是指导性强。本书将商业承兑汇票基础知识、产品、综合授信方案案例相结合，从操作层面解答了商业承兑汇票业务操作中可能存在的实际问题，这对于银行商业承兑汇票业务就有重要的参考价值和实践意义。

二是内容新。本书首次从业务操作角度对商业承兑汇票业务操作过程进行的全面的描述，有利于票据从业人员迅速了解账务和该项业务操作的要点。

三是结构新。本书结构安排简单明了，首先介绍了商业承兑汇票基础知识，然后再具体介绍该产品，接着将理论与实践相结合，介绍了最常见的几个案例，从而有利于读者掌握操作要点，方便读者自学。

总而言之，本书的明显特点就是，从方便读者的角度，既可系统地当作实务培训教材，也可独立成篇，成为具体工作的指导书籍。本书适合各金融机构从业人员及希望开拓票据业务的企业人员使用。

由于时间和水平有限，书中出现错误在所难免，敬请读者批评指正。

立金银行培训中心

二零一五年十二月

CONTENTS
目录

附录

第一部分

商业承兑汇票基础知识

一、如何理解商业承兑汇票

商业承兑汇票是法人以及其他组织签发的，银行以外的付款人承兑的，由付款人在指定日期无条件支付确定的金额给收款人或者持票人的票据。商业承兑汇票是建立在商业信用基础上的信用支付工具，具有权利义务明确、可约期付款、可转让贴现等特点。

【小提示】

商业承兑汇票融资定价

一级商票：中国石油商票　　8.2% ~9%

二级商票：地方国资企业商票、上市公司的商票　　10% ~12%

三级商票：一般企业商票　　13% ~15%

市场上的商业承兑汇票可分为三类：国内最顶尖的中央企业签发的商业承兑汇票可以算作第一类，属于最佳信誉的商业承兑汇票，风险极低；第二类商业承兑汇票，属于地方国资和大型上市公司的商业承兑汇票，风险适中；第三类商业承兑汇票属于一般企业的商业承兑汇票，风险极大。

二、商业承兑汇票与银行承兑汇票的区别

对企业而言，银行承兑汇票和商业承兑汇票都是付款工具。在银行和贷款公司看来，它们是融资工具。我们需要按照企业的思维来理解这些工具的作用和优势。我们发现，企业表面上需要向银行和贷款公司申请融资，其实都在申请获得支付工具，因为在商务交易中需要支付工具。

这两种票据支付方式，哪种供应商会接受，哪种成本较低，企业就会倾向选择这种授信工具。二者比较而言，商业承兑汇票对付款人来讲成本最低，使用起来最简单；银行承兑汇票对付款人来讲成本较高，使用时需要银行的同意，且要缴存保证金。

针对付款环节，我们需精心挑选用信工具，满足企业的付款支付需要。例如，银行承兑汇票和商业承兑汇票都是企业的付款工具，而很显然商业承兑汇票付款成本更低。如果我们能够成功营销买家使用商业承兑汇票付款，那么就可以关联营销卖家在银行办理商业承兑汇票贴现业务。

以企业需要6个月的短期融资为例，测算不同融资方式的成本。

表1-1　流行授信产品比较

付款工具	对企业的成本	支付成本	对银行的综合收益
1. 银行承兑汇票	成本低，有一定的保证金成本，要支付手续费	手续费0.05%	贴现利息、手续费收入，很难形成关联营销，对企业票源的控制力度较弱

续表

付款工具	对企业的成本	支付成本	对银行的综合收益
2. 商业承兑汇票	成本最低，基本没有保证金要求，没有手续费	工本费 1.85 元/张	对企业成本极低，没有银行的资本消耗，不计入银行的风险资产。对票源的流向控制力度极强，可以形成强大的关联营销。综合收益极佳

【案例 1－1】施工企业使用商业承兑汇票的案例

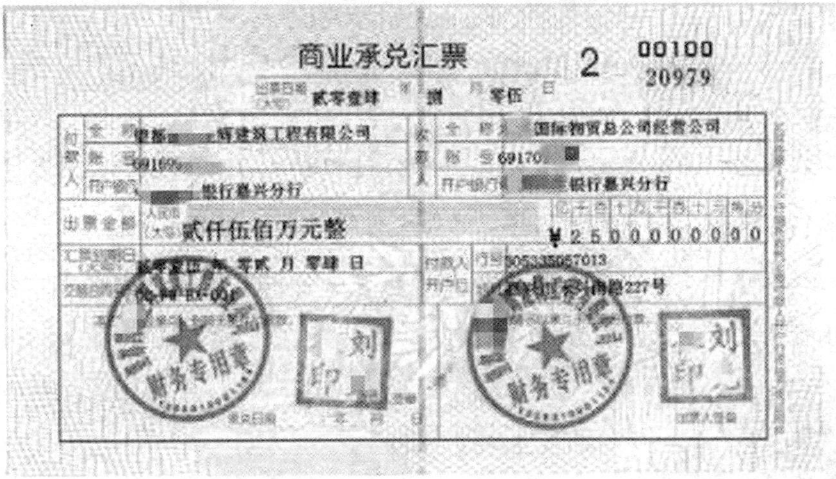
商业承兑汇票 2 00100 20979
出票日期（大写） 贰零壹肆 年 捌 月 零伍 日
付款人 全称 望都[redacted]辉建筑工程有限公司
账号 69169[redacted]
开户银行 [redacted]银行嘉兴分行
收款人 全称 [redacted]国际物贸总公司经营公司
账号 69170[redacted]
开户银行 [redacted]银行嘉兴分行
出票金额 人民币（大写） 贰仟伍佰万元整 ￥2500000000
汇票到期日（大写） 贰零壹伍 年 零贰 月 零肆 日
付款人开户行 行号 305335067013
地址 [redacted]路227号
财务专用章
刘印

望辉建筑工程有限公司准备向国际物资总公司经营公司支付合同款，第一种支付方式是支付银行承兑汇票，无疑，银行承兑汇票成本太高；而选择支付商业承兑汇票，望辉建筑工程有限公司的支付成本会大幅下降。

而国际物资总公司经营公司相对望辉建筑工程有限公司处于弱势地

位，会接受使用商业承兑汇票的支付方式。

【案例1－2】企业使用银行承兑汇票的案例

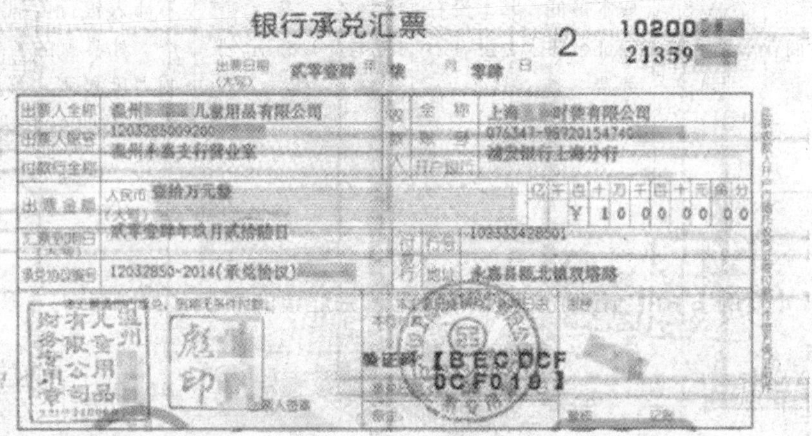
银行承兑汇票 2 10200 21359

出票日期（大写） 贰零壹肆 年 柒 月 零肆 日

出票人全称	温州 儿童用品有限公司	收款人	全称	上海 时装有限公司
出票人账号	1203285909200		账号	076347-96920154740
付款行全称	温州永嘉支行营业室		开户银行	浦发银行上海分行
出票金额	人民币（大写） 壹拾万元整			¥ 1 0 0 0 0 0 0 0
汇票到期日（大写）	贰零壹肆年玖月贰拾陆日	付款行	行号	102333428501
承兑协议编号	12032850-2014（承兑协议）		地址	永嘉县瓯北镇双塔路

验证码：【BECDCF 0CF019】

在本案例中，温州儿童用品有限公司相对上海时装有限公司处于弱势地位，支付合同款无从选择，只能支付银行承兑汇票。

签发银行承兑汇票，温州儿童用品有限公司需要缴存保证金，并承担银行承兑汇票的手续费。

【小提示】

在向信贷审批部门申报项目时，不要就贷款论贷款，而应当考虑提供的是授信方案，以方案的请示方式效果远远优于以单一贷款方式申请。

要以方案的方式控制风险，以方案的方式获得回报。

三、银行承兑汇票和商业承兑汇票签发流程比较

1. 银行承兑汇票签发流程

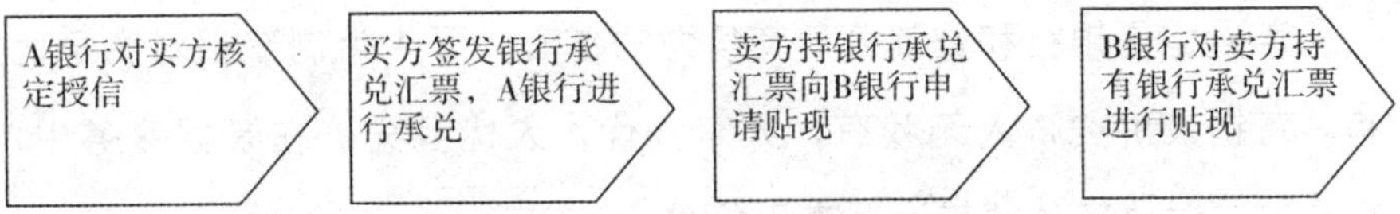

图 1－1　银行承兑汇票签发流程

前置条件：B 银行需要对 A 银行核定同业授信额度；A 银行需要对买方核定企业授信额度。

银行承兑汇票一般都涉及两家银行，即承兑银行和贴现银行。承兑银行负责给买方核定授信额度，签发银行承兑汇票；而卖方银行负责给卖方办理贴现，给卖方办理贴现并不需要单独核定授信额度，只需要占用卖方银行为买方银行核定的同业额度。

2. 商业承兑汇票签发流程

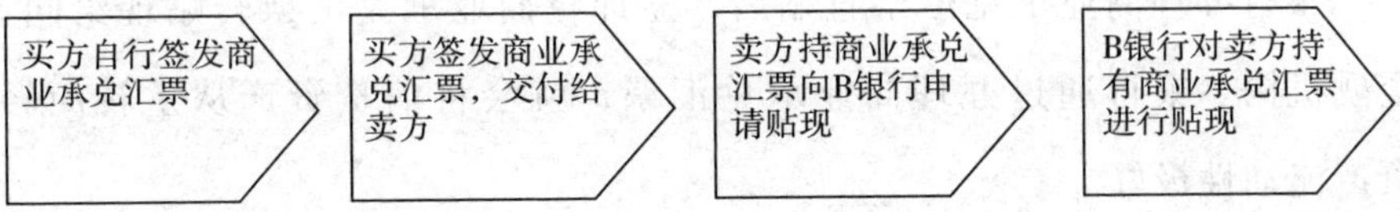

图 1－2　商业承兑汇票签发流程

前置条件：B 银行需要对买方核定企业授信额度；或对卖方核定企业授信额度。

在商业承兑汇票的签发过程中，没有银行参与，属于买方自己的独立出票行为；买方将商业承兑汇票交付给卖方，卖方持商业承兑汇票向

银行申请办理贴现，占用银行对卖方核定的授信额度，或占用买方授信额度。

【小提示】

差异化是银行和贷款公司竞争力的核心，要人为制造相对竞争优势。营销最讲究，人无我有，人有我优，人优我先。在票据业务中，客户往往对效率的敏感远远高于价格。

四、如何通过使用商业承兑汇票获取利息收入

银行和小贷公司（互联网金融）使用商业承兑汇票会产生惊人的利息收入。具体操作形式如下：

客户核定授信额度，企业再启用授信额度，签发商业承兑汇票，持票企业向银行申请办理商业承兑汇票直贴或持商业承兑汇票质押贷款。

银行办理商业承兑汇票直贴后，立即将商业承兑汇票转贴现给同业金融机构。银行通过办理商业承兑汇票，就会将信贷资产从重转向轻，资产流动性极好。

【案例1-3】银行给钢铁集团核定1亿元授信额度，采取四种方式进行贷款投放

方式1：申请投放贷款1亿元，利率6%，利息收入600万元。占用风险资产1亿元。

方式2：申请投放商业承兑汇票1亿元，直贴5%，转贴4%，利

差收入100万元。如果一年可以操作20次，利差收入一年累计可以达到2000万元，收益大幅超过简单的投放贷款。占用风险资产1亿元。

方式3：小贷公司可以要求借款人持商业承兑汇票质押，提供流动资金贷款。

方式4：互联网金融公司（P2P）。可以采取商业承兑汇票质押给平台，由平台将商业承兑汇票收益权转让给投资人，通过借款人借款成本和投资人收益之间的价差，平台获取可观的收益回报。

说明：国内顶尖的P2P开鑫贷、金银猫都有将商业承兑汇票收益权在平台上进行转让的案例。

【小知识】

1. 什么是担保承诺函

担保承诺函是担保公司、大型企业集团或其他资质优良、实力雄厚的担保方为商业承兑汇票的持票人开立的一种书面信用担保凭证，保证借款到期后，若融资企业不能足额还款时，由担保公司或大型企业集团无条件地代为偿还。大型国有担保公司和大型企业集团资金实力雄厚，担保能力极强。

2. 商票贷安全吗

商业承兑汇票做质押，融资企业到期无条件偿还，如果企业未能足额还款，则由出具保函的银行、国有大型担保公司或大型企业集团到期无条件兑付该商业承兑汇票记载的全部票面金额。

五、商业承兑汇票直贴+转贴需要签订的协议

1. 企业在银行办理商业承兑汇票直贴需要签订的协议

需要与大型企业（付款人）签订《商业承兑汇票直贴协议》，然后签订《商业承兑汇票贴现协议》。

①贴现银行与持票企业：
《商业承兑汇票贴现协议》

②贴现银行与转贴现买入银行：
《商业承兑汇票转贴现协议》

图1-3　签订协议

2. 企业与金融机构办理贴现需要签订的协议

网上金融理财产品需要签订如下文件：

（1）融资服务协议。融资服务协议是借款人在平台进行融资和平台为其提供服务的基础文件，约定了双方针对融资事项的服务内容和权利义务。一些借款人的基本义务都载明在这份文件中，包括借款人有义务提供资料信息并确保真实有效、配合平台尽调、支付服务费用、保密条款，等等。

（2）借款文件。就是大家看到的在线的电子版的《借款协议》，内容涵盖了各方在某个融资项目项下享有的权利和承担的义务，这是直接关系到投资人切身利益的合同，投资人的信息将会出现在该份电子合同上。

（3）委托担保合同。委托担保合同是借款人与担保方达成担保关系的基础，担保方正是基于这份文件为指定债务提供担保并收取费用的。适用于带有担保项目。

（4）反担保文件。反担保文件约定的是借款人向担保方提供反担保

的相关内容，包括反担保的种类、份额、是否需要登记等，如果担保方发生代偿，正是基于此文件去向反担保方追索。

通过办理直贴，然后转贴现技术，可以极速加快小银行融得资产的流转，大量缩小信贷规摸。

六、商业承兑汇票的基本要点

商业承兑汇票是企业之间直接出具的欠条。要注意商业承兑汇票的7个要素与“欠条”的要素一模一样。

商业承兑汇票的7个要素：①“承兑汇票”字样；②无条件支付的委托；③确定的金额；④付款人名称；⑤收款人名称；⑥出票日期；⑦出票人签章。

对照欠条：商业承兑汇票上有明确欠款人名字（付款人名称），债权人名字（收款人名称），有打借条时间（出票日期），有借款具体金额（票面金额），有借款人签字（出票人签章）。这不就是一张标准的欠条吗，该张欠条的不凡之处在于有特定法律（《中华人民共和国票据法》）保证，可以随时转让，市场非常认可，甚至很多金融机构成立了票据专营机构，专门从事欠条的买卖业务。

人民币是中国人民银行对持有人的承诺，通俗来说就是只要你持有多少人民币，国家就欠你多少钱；国债是国家财政部对持有人的承诺，只要你持有多少国债，国家就欠你多少钱；商业承兑汇票是付款人对持有人的承诺，只要你持有哪家企业承兑的商业承兑汇票，那家企业就欠你多少钱。

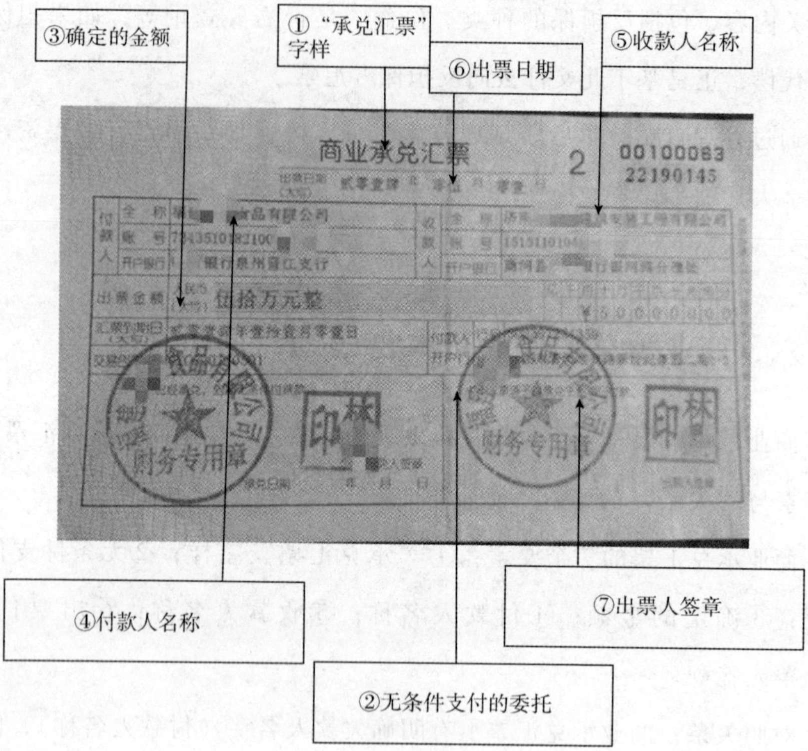

图 1-4　商业承兑汇票的 7 个要素

欠　　条（承兑汇票字样）

今 A（出票人）欠 B（收款人）壹百万元整（票面金额），约定在 2016 年 12 月 12 日（票据到期日）归还。

借款人：A（出票人签章）

2016 年 6 月 12 日（出票日期）

七、如何说服企业使用商业承兑汇票

商业承兑汇票对企业的优势明显，具体体现在以下几方面：

1. 企业可以自行签发商票

商业承兑汇票是企业经营自身信用，以自身的信用在向上游企业融资。在中国，有很多非常有实力的企业没有意识到商业承兑汇票的价值，没有发挥商业承兑汇票的威力，对外支付的时候还是使用银行承兑汇票，其实，这是一种商业信誉的浪费。

最赚钱的企业是通过销售自己的信誉来赚钱，而绝非出苦力。企业办理商业承兑汇票赚钱是充分利用自身的品牌和信誉来赚钱，属于空手套白狼的游戏。

看看今天的支付宝、快钱、汇付天下等第三方支付公司名扬天下，就是在发挥自身的优良商业信用在赚钱。

2. 企业使用商业承兑汇票成本极低

企业向金融机构贷款，要支付利息；企业向银行办理银行承兑汇票，需要支付手续费；企业办理商业承兑汇票，彻底免费，占用别人（上游供应商）的资金时间价值。这个世界，良好的商业信誉就是价值。

3. 企业使用商业承兑汇票并不反映在贷款卡中

企业使用商业承兑汇票并不反映在贷款卡中，商业承兑汇票是企业自行签发，银行并不承担商业承兑汇票的兑付风险，并不属于银行的表外业务，银行无须录入贷款卡。不录入贷款卡，并不属于企业向银行的融资项目，可以不影响企业的继续融资能力。

企业无信而不立，因而要珍视自己的信用，同时有能力经营信用。当然，经营信用是要有基础的，必须有足够的本钱，即别人相信企业能够履约是建立在这家企业实力强大的基础上，信任绝不可能建立在空中楼阁之上。

【案例1-4】使用商票小案例

四川龙瑞耐火材料有限公司下游有大量的国内特大型钢厂，该公司存在大量的应收账款，公司经营资金被高度占压，公司急需流动资金用于周转。

向银行申请贷款，但是应收账款普遍存在不规范现象，下游签订年度合同，随时供货，单独开出增值税发票。有时候，企业为了避税，采取增值税发票集中开出方式，而且下游钢厂较为强势，不配合办理应收账款确认手续。

银行引导，由四川龙瑞公司向下游钢厂集中索要商业承兑汇票，商业承兑汇票期限可以长些，结果索要到超过2亿元的商业承兑汇票。

银行的授信操作非常简单，银行见商业承兑汇票即提供贷款。

八、如何保证买方签发商业承兑汇票能够被客户接受

买方签发商业承兑汇票，通常卖方是不接受的。卖方不接受商业承兑汇票的原因在于卖方没有变现的渠道，毕竟卖方也需要资金，也需要进一步的采购付款需要。

只要能够给卖方提供承诺：卖方收到的商业承兑汇票，可以保证“变现”，那么卖方就会接受商业承兑汇票。

第一种方式：提供商业承兑汇票贴现服务，将商业承兑汇票变成现金，像银行承兑汇票一样可以贴现，卖方就会接受商业承兑汇票。

第二种方式：银行提供商业承兑汇票保押服务，将商业承兑汇票变成银行承兑汇票，卖方拿到商业承兑汇票后，银行随时提供换开银行承兑汇票，那么卖方就会接受商业承兑汇票。

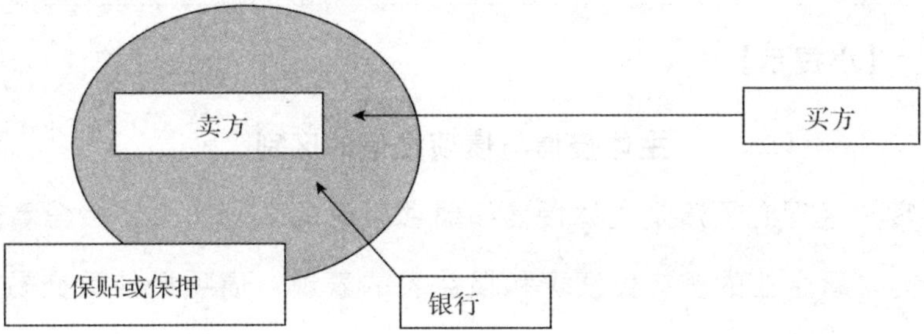

图 1－5　商票变现流程

九、银行办理商业承兑汇票风险认识

图 1－6　商业承兑汇票风险

很多银行和担保公司、小贷公司不敢开展商业承兑汇票，认为风险很大。这是一个误解，其实商业承兑汇票风险很小。银行对商业承兑汇票提供贴现服务或者换开银行承兑汇票都是基于有授信额度，就是判断商业承兑汇票的经手各环节签章的主体，只要任何一个主体在银行有授信额度，银行提供贴现或者换开银票，风险就可以控制。

《中华人民共和国票据法》赋予了银行对票据其中任何一手签章人追索的权力，追索权和连带责任担保对银行提供的保障基本相同，所以，最新颖的授信思路是：给认可的某个特大型的企业提供授信额度，但是，这个客户并不使用授信额度，而是由这个特大型企业关联的小企业来具体使用授信额度，例如办理银行承兑汇票和商业承兑汇票，这种授信的使用效果远远好于特大型企业自己使用授信。

【小提示】

主体授信与债项授信的区别

客户经理必须清楚主体授信和债项授信的区别：主体授信看企业的实力，看企业的资产负债表和损益表的表现；债项授信看交易，看交易对手方的实力、交易的风险控制程度、交易的融资需要，讲究授信的嫁接技术。

十、银行和贷款公司如何控制商业承兑汇票风险

1. 在授信额度内签发或者变现商业承兑汇票

银行和小贷公司必须严格落实对承兑商业承兑汇票企业的授信额度，采取合理的抵押和担保手段，没有授信额度，不可以签发商业承兑汇票，对这类商业承兑汇票不可以提供融资服务。

互联网金融公司可以依托银行，由银行代为对商业承兑汇票进行真

伪鉴别和查询，在此基础上，将商业承兑汇票在网上进行融资。

2. 严格落实商业承兑汇票对应的贸易背景

融资性票据是通常产生巨大风险的根源，在为企业商业承兑汇票贴现的时候，一定要严格审查商业承兑汇票对应的真实贸易背景。

通常，企业会根据自己的真实交易背景签发商业承兑汇票，并通过真实贸易背景产生的现金流来解付商业承兑汇票。纯粹的融资性商业承兑汇票，就是为了套取信贷资金，往往用于投机性生意，风险极大。

3. 严格使用商业承兑汇票的付款融资和销售融资功能

针对付款环节，要精心挑选用信工具，满足企业的付款需要。例如，承兑汇票是企业的付款工具，而明显商业承兑汇票付款成本更低。

针对销售环节，要精心选择用信工具，满足企业的销售回款需要。例如，通过商业承兑汇票来收款，这样可以帮助卖方提前收回合同款。

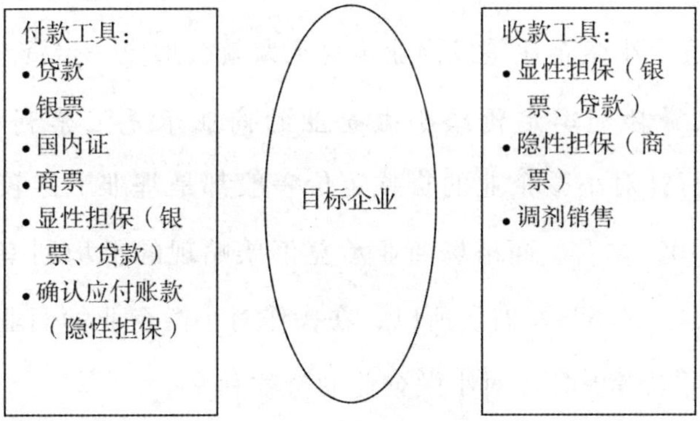

图 1－7　用信工具

【小提示】

客户经理一定要给自己授信的客户销售商业承兑汇票，而且在企业签发商业承兑汇票的时候，一定要配套提供保贴函或保押函，这样才是对整个市场负责任的行为。

对于没有核定授信额度的企业，绝不可以销售商业承兑汇票。

十一、小微企业如何使用商业承兑汇票付款

1. 小微企业融资关键是控制信贷资金的用途和回款资金的来源

将小微企业的去向资金控制住，企业回流的资金锁定好，外加上一定的风险缓释措施，基本上就可以控制风险。

小微企业使用商业承兑汇票就可以有效控制信贷资金用途。商业承兑汇票本身就是付款工具，只要对出票小微企业的收款人提供商业承兑汇票贴现融资，小微企业签发商业承兑汇票就会形成一定资金流量。

2. 按照贷款利率定价给小微企业的商业承兑汇票利率

由于银行针对小微企业的贷款定价一般都是基准上浮较多，实际贷款利率都在10%左右。而市场商业承兑汇票贴现的平均利率基本上盯住基准贷款利率，才6%左右。所以，在操作对小微企业的商业承兑汇票贴现的时候，可以考虑盯住对小微企业的贷款利率。

比如：对服装类小微企业商业承兑汇票利率定价在9%，小微企业肯定可以接受。

【小提示】

客户经理必须提高对客户的认知度，能够识别最优质的客户；客户经理必须提高对客户新需求的把握，客户的需求在不断提高，我们也必须能够跟上，千万不要期冀“刻舟可以求到剑”。

要注意很多客户对银行和贷款机构信贷业务非常熟悉，这就提醒我们需加强对产品的熟悉，否则很容易被这些客户边缘化。

第二部分

商业承兑汇票产品

一、商业承兑汇票换银行承兑汇票（短变长）

【产品定义】

“商业承兑汇票换银行承兑汇票（短变长）”是指银行根据买方的需要，协助卖方转换票据的性质，将卖方收到单笔短商业承兑汇票采取质押方式置换成长银行承兑汇票，满足卖方支付结算需要的一种票据业务形式。

【操作规则】

为了提高卖方的综合贡献度，银行要求卖方提供一定比例的额外保证金，银行开出商业承兑汇票票面金额 + 额外保证金之和金额的银行承兑汇票。

比如：买方收到 1000 万元的商业承兑汇票，银行要求买方额外提供 500 万元的资金，银行为其办理 1500 万元的银行承兑汇票。

> 商业承兑汇票直接贴现应当是万不得已的选择，最好的方式是商业承兑汇票质押改造成银行承兑汇票，需要资金的时候，办理银行承兑汇票贴现，这样可以为客户节省大量财务费用。

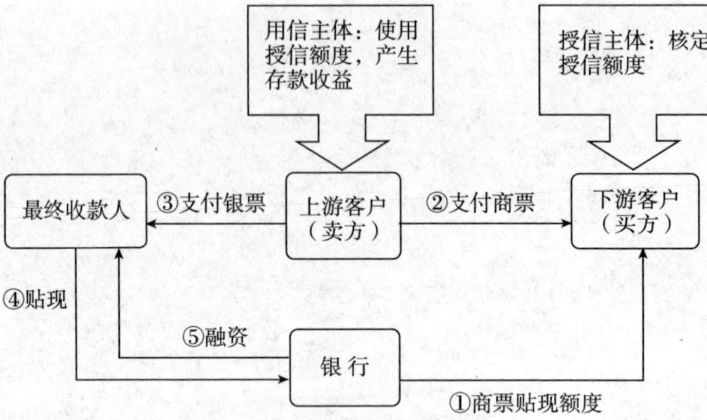

图 2-1　商票质押（短变长）流程

【适用客户】

1. 主动在银行核定授信额度内签发商业承兑汇票的特大型核心企业

在国内，大型客户签发商业承兑汇票已经成为一种习惯，例如很多特大型的施工企业很热衷于签发商业承兑汇票，包括中铁股份有限公司、中国铁建股份有限公司、中建一局有限公司、中国核工业建设有限公司等。

这类特大型施工类企业客户的上游企业普遍为钢材经销商，实力一般，可以提供商业承兑汇票置换银行承兑汇票并拆分的业务。

2. 收到优质商业承兑汇票的中小企业

在市场上，经常有一些实力偏弱的中小企业，从特大型强势企业那里收到商业承兑汇票。这类中小企业就会向银行询问，是否可以及时办理商业承兑汇票的贴现，如果能够贴现，才会收取这张商业承兑汇票。

办理该业务需求：中小企业客户的下游客户（买家）相对较为强势，支付商业承兑汇票，而客户上游客户（卖家）同样较为强势，同时对中小企业客户付款能力存在疑虑，为了防止出现收款风险，一定要收取银行承兑汇票甚至现款。银行帮助中小企业客户改造票据的性质。

有时，需要和买方付息票据捆绑操作，为中小企业节省一定的财务费用。

如特大型二级钢材经销商（上游为一级批发商，下游为大型建筑企业）、医药经销商（上游为大型药厂，下游为大型医院）、小家电经销商（上游为大型家电厂商，下游为大型商场）等。

3. 收到商业承兑汇票的小贷公司、担保公司或互联网金融公司

如果小贷公司、担保公司或互联网金融公司收到这类商业承兑汇票，可以首先对商业承兑汇票的承兑人进行准入，只有特大型企业承兑的商业承兑汇票，才予以接受，这样可以有效降低商业承兑汇票质押的贷款风险。

【案例 2－1】商业承兑汇票保拥的案例

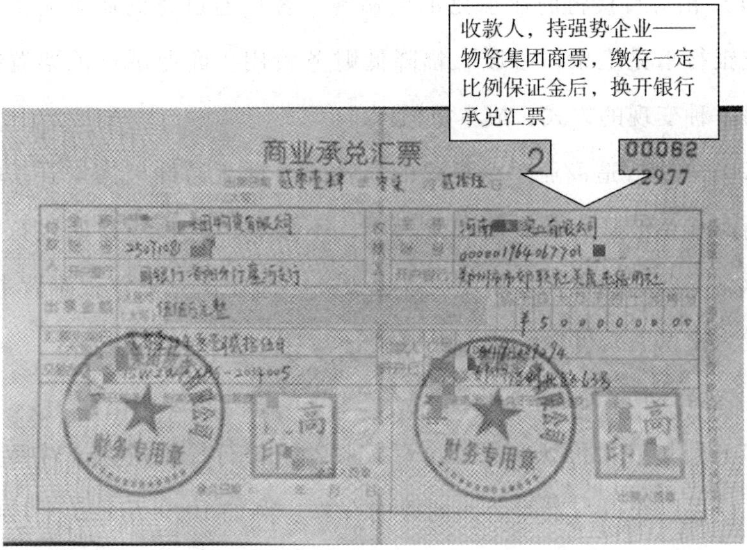

【点评】

申请人实力非常强，对供应商处于强势地位，所以可以向上游供应商支付商业承兑汇票，银行可以营销申请人的商业承兑汇票的保押业务，换开银行承兑汇票，对于申请人而言，可以最大限度降低财务费用，降低自身的支付成本。

用途：向上游采购付款。

银行收益：银行可以借助申请人关联营销上游供应商，银行获得可观的中小企业客户资源，并通过商业承兑汇票质押换开银行承兑汇票，锁定供应商在银行制造较为可观的存款。

风险资产占用：敞口部分零风险资产占用，银行风险资产消耗没有。

【产品优势】

1. 对客户益处

（1）相对直接将商业承兑汇票贴现，客户通过将商业承兑汇票质押转换成银行承兑汇票，可以大幅降低财务费用。商业承兑汇票置换为银票是另一种变现的方式，成本极低。

（2）通过改造商业承兑汇票的属性，票据流通性极大增强。收款人收到商业承兑汇票后，往往非常为难，不接受，应收货款期限拉长，收商业承兑汇票贴现难并且贴现成本也极高。商业承兑汇票很难背书转让，而改造为银票后，可以畅通无阻地流通。

2. 对银行益处

（1）可以获得可观的保证金存款收益，银行提供短商票转换为长银票业务，可以获得与票面金额同等的存款。例如 1000 万元 3 个月的商票置换为 1000 万元 6 个月的银票，可以获得 3 个月 1000 万元的存款。

（2）可以获得可观的银行承兑汇票中间业务手续费收入和一定的存

款。直接贴现方式，银行收益就是贴现利息收益，收益较为单一。

（3）通过对票据适度改造，银行可以借助银行承兑汇票关联营销下游客户。传统的直接将商业承兑汇票贴现掉，则丧失了利用票据拓展买方上游客户的机会。

【营销建议】

1. 商业承兑汇票直接贴现应当是万不得已的选择，最好的方式是商业承兑汇票质押改造成银行承兑汇票，需要资金的时候，办理银行承兑汇票贴现，充分利用银行承兑汇票贴现利率远远低于商业承兑汇票贴现利率低的优势，这样操作可以大幅降低票据贴现的融资成本。

例如：

1000 万元商业承兑汇票直贴：商票利率定价 10%；

1000 万元商业承兑汇票改造为银行承兑汇票，银票贴现利率 5%。

2. 该业务最好和银行承兑汇票代理贴现业务捆绑销售，持票人拿到商业承兑汇票后，银行立即为其办理商业承兑汇票质押签发银行承兑汇票，最好再将这笔新签发的银行承兑汇票封闭索回办理贴现。银行借助商票持票人，关联营销其中多的上游客户。

【案例 2－2】

北京凯动医药销售有限公司商票变银票（短变长）

一、企业概况

北京凯动医药销售有限公司注册资本 800 万元，年销售规模达到 16 亿元，为北京本地的大型医药经销商，公司下游企业为各大医院，销售结算模式主要是商业承兑汇票，通常金额较大。公司上游企业为各大药厂，相对较为强势，通常只接受银行承兑汇票提货，但是对银票期限并不在意。

二、银行切入点分析

银行了解到：北京凯动医药销售有限公司票据业务量极大，银行必须争夺该客户的票据资源。由于其下游客户非常强势，通常需要给予3个月的账期，然后医院支付现款；某银行参与商务谈判，建议可以给予账期2个月，要求医院提供2个月商业承兑汇票。银行提供商业承兑汇票置换银行承兑汇票业务，将2个月的商业承兑汇票置换为6个月银行承兑汇票。

三、银企合作情况

银行提供如下服务：

第一，北京凯动医药销售有限公司收到1笔商业承兑汇票，期限2个月，金额1000万元，汇票号码：000005，交付给银行。

第二，银行对质押的银行承兑汇票完成票据真伪鉴别，并完成票据查询手续后，确定提供商业承兑汇票置换银行承兑汇票业务。

第三，银行与北京凯动医药销售有限公司签订《商业承兑汇票质押协议》及《银行承兑协议》。北京凯动医药销售有限公司向某药厂支付货款，银行承兑汇票，金额为1000万元，期限6个月。

第四，2个月后，商业承兑汇票到期托收回来的资金存为3个月定期存款等待银行承兑汇票兑付。

【点评】

商业承兑汇票市场潜力巨大，对于银行而言，价值极高。将商业承兑汇票置换为银行承兑汇票，然后操作贴现，可以大幅降低企业的融资成本。大部分银行对商业承兑汇票的操作不熟悉，一家银行如果能够尽快熟悉该项业务的操作要点，将会占领整个市场。

【小提示】

做信贷核心秘诀

应当首先判断企业是否有偿债能力，要精准地计算企业的现金流能力，抵押和担保仅是一种控制手段，让企业做事有底线，不会轻易违约，控制企业的道德风险。不是有了抵押和担保我们就一定提供授信，首先是企业必须有独立的偿债能力。

二、商业承兑汇票换银行承兑汇票（长变短）

【产品定义】

“商业承兑汇票换银行承兑汇票（长变短）”是指银行根据买方的需要，协助买方变换票据的性质，将买方收到的长商业承兑汇票采取质押方式置换成短银行承兑汇票，满足买方支付结算需要的一种综合票据服务。

相对直接将商业承兑汇票贴现，客户可以大幅降低财务费用。通过改造商业承兑汇票的属性，票据流通性极大增强，同时流通费用大幅降低。

【操作规则】

表 2－1　商票变银票（长变短）

转换结构	备用配套工具
商票变银票	长变短，需要配套至少 20% 存款 有时，需要配套买方付息贴现

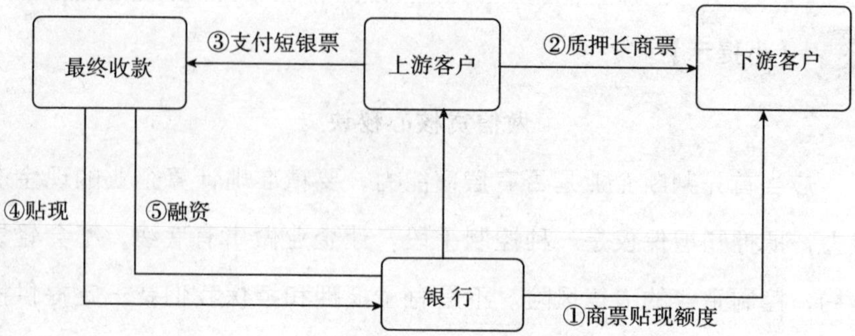

图2-2　商票质押（长变短）流程

【适用客户】

收到大额票据而支付较为零碎的多家客户。

客户办理该业务需求：客户的买家相对较为强势，支付商业承兑汇票，而客户的卖家同样较为强势，一定要收取银行承兑汇票甚至现款。同时，对收取票据的期限较为苛刻，提供不同的价格折扣，银行帮助客户改造票据的性质。

有时，需要和买方付息票据捆绑操作，为买方节省一定的财务费用（银票贴现利息远低于商票）。

例如一级钢材经销商（上游为大型钢厂，下游为大型建筑企业）、汽车刹车片生产厂商（上游为大型钢厂，下游为大型汽车企业）等。

银行营销一定要学会灵活，能够根据不同的客户，因时而变使用银行产品，提供组合性的金融服务方案。

【风险控制】

由于两张票据期限不同、价值不同，银行必须充分考虑其中的票据价差。

价差计算规则：如6个月1000万元长商票换成1个月短银票。

价差 = 1000 × 贴现利率/360 × 150（贴现利率为银行在未来 5 个月内任意时点，愿意提供给客户贴现利率。由于贴现利率变化较快，银行可能需要承担贴现利率风险）。

采取两种方式控制：

第一，补足贴息。银行计算两张票据直接的价差，客户将长变短两张票据之间的价差（即息差），以银行存款方式存在银行办理质押。有时，还需要考虑价差存款本身在银行还有定期存款利息，如果将这部分利息考虑进去，客户可能存入的息差还要少一些。

第二，扣除贴息。银行计算两张票据直接的价差，在办理质押时，可直接在新签发的银行承兑汇票金额中扣除。

【产品优势】

1. 对客户益处

（1）客户持有的长商业承兑汇票转换为银行承兑汇票，使得票据的流通性极大增强。且前发的银行承兑汇票期限较短，更容易被收款人接受。

（2）由于已经将票据改短，同时改变了票据属性，相对直接将商业承兑汇票贴现，客户可以大幅降低财务费用。通过改造商业承兑汇票的属性，流通费用大幅降低。因为商业承兑汇票的贴现利率比照流动资金贷款非常高，如果收票人将商业承兑汇票直接贴现那么成本会极高。

2. 对银行益处

（1）可以获得可观的保证金存款收益。通常操作长商票置换为短银票，银行都会要求客户配比一定金额的定期存单，这样银行可以获得可观的保证金存款。若单纯提供同等面额的长商票换为短银票，银行的收益则很小。

(2) 可以获得可观的银行承兑汇票中间业务手续费收入。因为银行帮助企业节省了商票贴现的财务费用，因此，可以要求企业配比一定比例的存款。

(3) 有时捆绑销售买方付息代理贴现业务，银行同时可以获得可观的贴现利息收入。客户在将商业承兑汇票置换为银行承兑汇票后，向上游客户支付，如果上游客户非常强势，就可以捆绑代理贴现业务。例如钢铁经销商下游是造船公司，造船公司非常强势，对钢铁经销商支付商业承兑汇票，而钢铁经销商上游是实力强大的钢铁公司，根本不会接受商票，因此，钢铁经销商只能采取或贴现或置换为银票方式，如果贴现，成本太高；如果置换为银票，上游钢厂还会收取扣息，那么就会捆绑买方付息代理贴现。

(4) 通过对票据适度改造，银行可以借助银行承兑汇票关联营销上游客户。

【适用客户】

该业务模式适用于持有大量商业承兑汇票资源，同时非常在乎财务费用的中小型客户，例如原油经销商、煤矿经销商、电信设备代理商、药品经销商等。

例如宝山钢铁集团的一级经销商，钢铁经销商向上海地铁工程供货，钢铁经销商收到商业承兑汇票后，鉴于宝山钢铁集团非常强势，只能办理长商票变短银票。

类似的客户产业链如：

中海油 + 原油经销商 + 中国石化；

特大型煤矿 + 煤矿经销商 + 特大型电厂；

特大型电信设备供应商 + 电信设备代理商 + 三大电信集团；

大型制药企业+药品经销商+医院。

【案例2-3】

上海龙海金属材料销售有限公司商票变银票（长变短）

一、企业概况

上海龙海金属材料销售有限公司注册资本3000万元，年销售规模达到26亿元，为北京本地的大型钢铁、生铁、焦炭经销商，公司从大型钢铁购买成品钢材，销售给各大建筑公司。

上海龙海金属材料销售有限公司盈利模式：强大资金运作能力，强调高效运作资金，沟通买卖双方，作为重要的渠道资源。下游客户各大建筑公司需要上海龙海金属材料销售有限公司提供一定的账期，同时，需要的钢材量有限，不能从钢厂直接提货；上海龙海金属材料销售有限公司重视强大的资金运作能力。

二、银行切入点分析

银行了解到：上海龙海金属材料销售有限公司是重要的渠道资源，票据业务量极大，银行必须争夺该客户的票据资源。根据该客户上游客户国内特大型钢铁公司，结算必须是现款或自行承担票据贴息。下游客户——各大建筑公司，相对较为强势，要求必须支付商业承兑汇票，且期限较长，多为6个月商业承兑汇票。银行设计：将长商业承兑汇票改造成短银行承兑汇票，同时加入买方付息票据，最大限度降低上海龙海金属材料销售有限公司的财务费用。银行为了获得收益，要求：长变短方式的大变小，上海龙海金属材料销售有限公司按照2:1的比例配套办理存单质押。

三、银企合作情况

银行提供如下服务:

1. 上海龙海金属材料销售有限公司收到1笔商业承兑汇票，期限6个月，金额1000万元，汇票号码: 000005。该商业承兑汇票承兑人为上海建筑工程公司。

银行提供大变小业务，新银行承兑汇票期限1个月。银行核定: 上海建筑工程公司在银行有1000万元商票贴现额度。

2. 银行对质押的商业承兑汇票完成票据真伪鉴别，并实地照票完成票据查询后，确定提供大票变小票。

3. 银行与上海龙海金属材料销售有限公司签订《商业承兑汇票质押协议》及《银行承兑协议》、《定期存款质押协议》。上海龙海金属材料销售有限公司办理票据1张，金额为1500万元（补足650万元存单质押)。

说明: 由于质押的1000万元商业承兑汇票为6个月期限，而新办理的银行承兑汇票为1个月期限，因此，必须考虑价差。

4. 1个月后，银行承兑汇票到期，银行扣划上海龙海金属材料销售有限公司账户资金，银行办理兑付。

【小提示】

所有的企业融资都有其某种商业目的，没有单纯为了融资而融资。客户经理需要找准企业的商业经营目的，即按照企业最需要的商业利益来组合和设计授信产品方案，以满足企业的商业目的。总之，客户经理要以商人的思维来思考企业的需要。而商业承兑汇票是设计大部分综合授信方案的最佳工具。

三、商业承兑汇票质押项下保理

【产品定义】

“商业承兑汇票质押项下保理”是指以商业承兑汇票作为质押，以国内有追索权保理为融资工具，银行为客户提供的一种特定短期贸易融资业务。

【操作规则】

保理融资期限应当适当超过商票期限一个月左右，银行可以获得一定的活期存款沉淀。

商业承兑汇票本质是一张欠条，商务交易并没有结算。因此，银行可以对商业承兑汇票持票人提供一定的短期保理融资，银行买入应收账款。

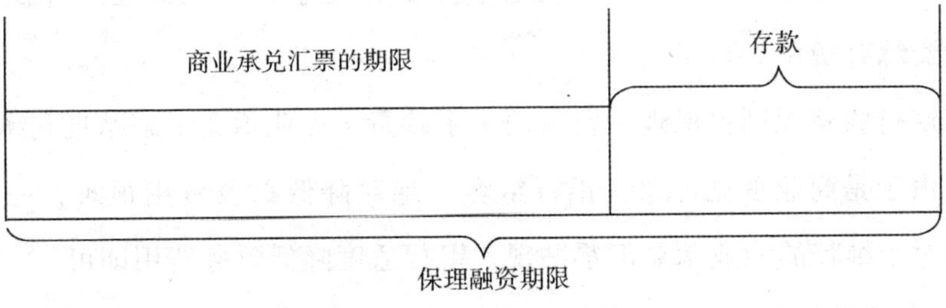

图 2-3　商票质押（保理融资）期限

【风险控制】

1. 质押的商业承兑汇票仍需要按照贴现的有关要求，办理票据的真伪鉴别，票据的查询查复手续，并提供对应的增值税发票及交易合同等资料。

2. 保理融资的期限应当超过商业承兑汇票的期限，即为托收商业承兑汇票留下足够的时间以防止保理到期后企业无资金归还保理融资。

【产品优势】

1. 对银行益处

(1) 相较于单纯的商票贴现，商业承兑汇票质押项下保理业务，银行可以获得可观的中间业务收入（保理手续费收入），从而有效改善银行的收入结构。同时，银行提供的是保理融资，属于贸易融资收入，从利息收入改善为贸易融资收入。

(2) 可以给银行贡献非常可观的存款。由于保理融资的期限超过商业承兑汇票期限，故承兑汇票到期后托收回来的资金将存入企业保证金账户，等待到期归还保理融资。

2. 对客户益处

(1) 因为商业承兑汇票贴现利率较高，通过提供商业承兑汇票质押保理业务，银行可以提供比较优惠利率的保理融资，从而适度降低企业的融资综合费用。

银行收费规则：保理融资费用 + 手续费 < 商业承兑汇票贴现利率。

由于是商业承兑汇票，银行给客户绝对降低财务费用很难，一般都是相对于纯粹的商业承兑汇票贴现，银行适度降低财务费用即可。

(2) 商业承兑汇票变现性较差，通过办理商业承兑汇票质押保理，为企业另找到一条变现商票的通道。

【业务流程】

1. 银行按照贴现的要求，办理票据真伪的鉴别、相关的查询工作。申请人提供增值税发票和交易合同等资料。

2. 银行与申请人签订《商业承兑汇票质押保理融资协议》，申请人交付票据，保理融资的期限长于票据到期日一定的时间（通常是一个月）。

3. 银行按照约定的保理融资利率，提供保理融资，融资金额按照商业承兑汇票票面金额扣减保理融资手续费及融资利息确定。

4. 商业承兑汇票到期，银行办理托收，托收回来的资金进入保证金账户进行监管。

5. 保理融资到期，银行扣划保证金账户资金，用于归还保理融资。

【营销建议】

对于商业承兑汇票贴现，由于有较高的风险，银行通常较为挑剔，贴现利率定价较高，而且发展商票的积极性不高，而银行都热衷于发展贸易融资业务。如果将这两项业务结合，会得到客户的热烈欢迎。通常客户只想得到资金，不会在乎得到资金的形式，是保理还是贴现无所谓。

银行承兑汇票质押保理业务需要在贴现利率大幅走高的时候营销，而商业承兑汇票保贴业务的营销时机要多得多，基本可以随时营销。

【案例 2-4】

河北粟石煤炭有限公司商票质押项下保理

一、企业概况

河北粟石煤炭有限公司注册资本 2000 万元，年销售规模达到 2 亿元，为河北本地的小型煤炭物流企业。公司每个月收到的商业承兑汇票超过 1500 万元，企业贴现业务量极大。

二、银行切入点分析

银行了解到：河北粟石煤炭有限公司商票量极大，银行必须争夺该客户的票据资源。银行商票贴现利率较高，而近期银行大力发展贸易融资业务，提供了较多的优惠政策。银行准备采取商票质押保理融资业务。银行商票直贴现利率达到8%；而保理融资的利率为优惠利率6%，加上保理手续费0.1%，企业采取保理融资的方式融资成本将大大低于直接贴现。

银行利益：可以将贴现利息转化为贸易融资收入；获得一定的中间业务手续费收入；同时获得一定的存款沉淀。

三、银企合作情况

银行提供如下服务：

1. 河北粟石煤炭有限公司向天津电力公司销售煤炭，签订销售合同《煤炭销售物资合同》，收到1笔商业承兑汇票，期限6个月，金额300万元。

2. 银行以商业承兑汇票作为质押，针对《煤炭销售物资合同》应收账款，为河北粟石煤炭有限公司办理隐蔽型有追索权保理融资，期限8个月。

3. 银行与河北粟石煤炭有限公司签订《隐蔽型有追索权保理融资协议》及《商业承兑汇票质押协议》。

4. 6个月后，商业承兑汇票到期，托收回来资金进入河北粟石煤炭有限公司保证金账户，再过2个月后，银行扣划河北粟石煤炭有限公司账户资金，归还保理融资。

【小提示】

针对付款环节，精心挑选用信工具，满足企业的付款支付需要。例如，银行承兑汇票和商业承兑汇票都是企业的付款工具，而明显商业承兑汇票付款成本更低。如果我们可以成功营销买家使用商业承兑汇票付款，那么很容易营销卖家在银行办理商业承兑汇票贴现业务。

四、商业承兑汇票+代理贴现+买方付息+放弃部分追索权贴现

【产品定义】

“商业承兑汇票+代理贴现+买方付息+放弃部分追索权贴现”是指针对卖方为较强势的商业地位，针对买方的真实商品交易，银行为买方提供买方付息商业承兑汇票，买方代理卖方完成商业承兑汇票贴现，银行承诺放弃对卖方的追索权的一种综合票据服务模式。

【适用客户】

一些特殊、强势的集团企业，其公司实力非常强劲，如果在银行办理银行承兑汇票，不会给银行缴存任何的保证金，如果用这种方式办理银行承兑汇票，银行就是亏损的。对于这类客户，银行可以向其营销商业承兑汇票。

此外，针对收款人为特大型的外商投资企业或机关事业单位、国资委监管的中央企业也可向其营销商业承兑汇票。

例如：北京首都机场集团购买土地（收款人为××市土地整理储备中心）；四川航空有限公司支付民航机场建设基金（收款人为国家民航总局）；手机经销企业支付给外商投资的手机制造商。

再如：国家电网公司因购买电向中国三峡电力有限公司支付电款，国家电网公司多使用商业承兑汇票支付，对此，国家电网公司必须买方付息，同时银行必须放弃对电力公司的追索权。

【产品优势】

1. 对银行益处

（1）银行通过设计该种结构性票据组合融资方案，可以同时销售商业承兑汇票和商业承兑汇票贴现业务，形成有效的交叉销售。

（2）银行销售买方付息票据，获得贴现利息收入，利息由出票人承担。

（3）同时关联营销买方的上游客户，扩大银行的客户群体。由于是商业承兑汇票贴现，商业承兑汇票持票人必须和银行取得联系，因此，银行可以很容易关联营销上游供应商。

（4）银行提供放弃部分追索权的贴现业务，银行还可以收取一定的票据风险承担费。

2. 对企业益处

（1）买方通过使用商业承兑汇票+代理贴现+买方付息，融资成本较直接向银行贷款大大降低。

（2）买方通过办理商业承兑汇票，而非银行承兑汇票，可以避免缴存高额的保证金，无须交纳手续费，符合企业的利益选择。

（3）如果卖方接受票据付款，在自身的报表中会出现应收票据，影响报表的质量。通过由买方直接办理贴现，可以美化报表。

【营销建议】

银行由于可以组合销售四种融资产品，因此可以组合成套餐方式报价，给予客户一定的让利，比如可以适当降低贴现利率。通常不要在银行承兑汇票保证金上提供让利。

通常买方非常强势，买卖双方交易非常稳定，彼此关系较为密切，卖方愿意帮助买方降低财务费用。银行应当主动介入买卖双方的交易结算，尝试提供支付解决方案，尽可能降低双方的交易结算成本，通过降低双方的交易成本，银行获利。

买方获得贷款去实现交易结算的支付成本，这种交易成本非常高。而通过使用票据将极大降低买卖双方的交易成本，但是票据的最大劣势在于给卖方带来了很多困扰。例如：报表中有了应收票据，影响报表质量；应收票据可能被追索；贴现票据需要承担利息；贴现需要提供合同发票等烦琐手续，而银行最新研发的商业承兑汇票买方付息、代理贴现、放弃追索权分别解决以上的问题，为打补丁型产品。

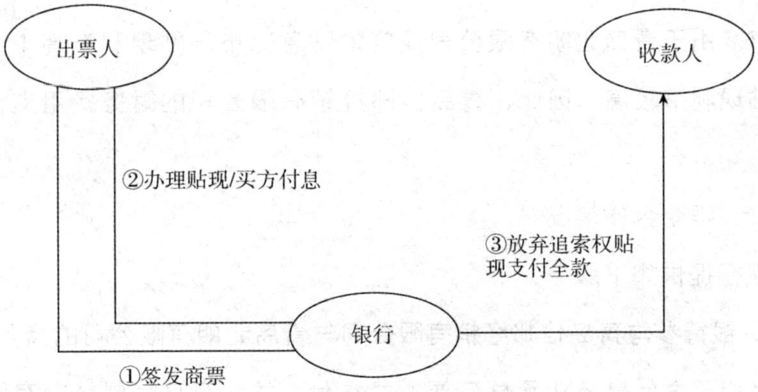

图 2－4　放弃追索权商票

【案例2－5】

青岛信邮经销有限公司商业承兑汇票＋代理贴现＋买方付息＋放弃部分追索权贴现

一、企业概况

青岛信邮经销有限公司注册资本3000万元，年销售规模达到36亿元，为山东省内的大型通信设备物流企业。公司上游客户：青岛北朗有限公司为中外合资的大型手机制造商，注册资本高达18亿元，年销售额超过60亿元，实力非常强劲。青岛信邮经销有限公司与青岛北朗有限公司结算模式，现款现货，如果是银行承兑汇票，则由青岛信邮经销有限公司承担贴息。

二、银行切入点分析

银行了解到：青岛信邮经销有限公司是重要的渠道资源，票据业务量极大，银行必须争夺该客户的票据资源。以往，青岛信邮经销有限公司都是支付票据给青岛北朗有限公司，由青岛信邮经销有限公司承担贴现利息。由于青岛北朗有限公司规定的贴息比市场贴现利率高1个百分点，贴现利率较高，因此，青岛信邮经销有限公司的财务费用支出一直较大。

三、银企合作情况

银行提供如下服务：

1. 银行参与青岛信邮经销有限公司与青岛北朗有限公司的商务谈判，约定采用买方付息商业承兑汇票方式支付，并由青岛信邮经销有限公司代理青岛北朗有限公司办理贴现。

2. 青岛信邮经销有限公司提供其与青岛北朗有限公司签订的《通信

设备销售合同》，银行办理1000万元银行承兑汇票。

3. 银行与青岛信邮经销有限公司及青岛北朗有限公司签订《代理贴现三方协议》，银行与青岛信邮经销有限公司签订《买方付息票据协议》，银行办理1000万元商业承兑汇票贴现，银行从青岛信邮经销有限公司账户扣除贴现利息30万元，并扣收1万元放弃追索权的风险承担费用。

4. 银行将1000万元贴现后款项，划付给青岛北朗信有限公司。

五、长银票→短银票→长商票

【产品定义】

“长银票→短银票→长商票”是指买方以收到的长银行承兑汇票作为质押，银行为其办理新期限较短的银行承兑汇票，在新较短银行承兑汇票到期获得解付及长银行承兑汇票变成短银行承兑汇票后，买方再次以短银行承兑汇票作为质押，银行为其办理新长保贴商业承兑汇票的一种综合票据金融服务。

【适用客户】

该业务操作模式适用于票据量较大，买方的上游客户较多，买方与上游客户占优势地位和劣势地位并存。

【营销建议】

银行应当帮助客户认真梳理其上游客户、下游客户，分析其两端客户能够接受的银行结算工具，及承受的收付款极限。银行应真正以医生的角度，诊断企业当前结算方式的缺陷，找到可以改进的地方，以帮助

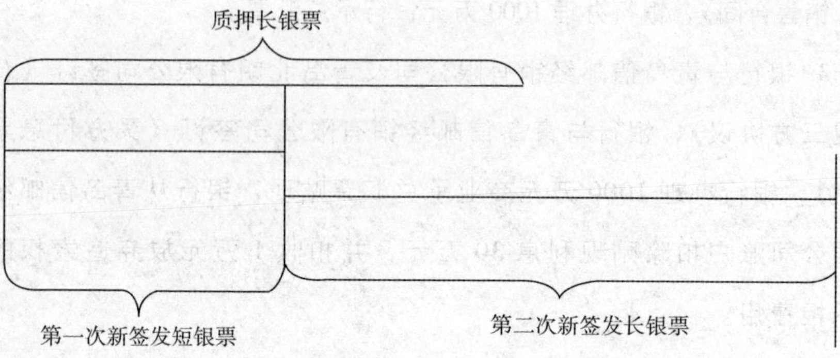

图 2-5 商票质押（长变短再变长）流程

客户最大限度挖掘上下游客户的价值贡献潜力。

【产品优势】

1. 对银行益处

通过一系列连续的票据组合产品，银行可以捕捉客户的每个票据业务机会，牢牢将客户的所有票据资源掌控在一家银行体内循环。

2. 对客户益处

通过使用银行的连续票据组合产品，企业可以最大限度降低融资成本，并适度获得一定的理财收益。

【案例 2-6】

北京冀化建筑有限公司短银票变保贴长商票

一、企业概况

北京冀化建筑有限公司注册资本 8000 万元，年销售规模达到 16 亿元，为北京本地的大型建筑企业。公司上游客户：北京北钢钢铁股份有限公司、河北庆龙钢铁股份有限公司，购买大型建筑用钢，现款现货，如支付银行承兑汇票，需要买家承担贴息；小型水泥搅拌站，多支付现款，账期多为3个月。公司下游客户：北京轨道运营有限公司、北京房地产开发公司等。

二、银行切入点分析

银行了解到：北京冀化建筑有限公司是重要的渠道资源，票据业务量极大，银行必须争夺该客户的票据资源。根据该客户上游客户——北京北钢钢铁股份有限公司为大型钢铁公司，结算必须是现款或自行承担票据贴息；小型水泥搅拌站，账期多为2个月，财务费用承担能力较强，资金压力非常大，需要资金时效性。下游客户——各大建筑公司，相对较为强势，支付多为银行承兑汇票，且期限较长，多为6个月。某银行设计：首先将6个月长银行承兑汇票改造成短2个月银行承兑汇票，支付给北京北钢钢铁股份有限公司，同时加入买方付息票据，最大限度降低北京冀化建筑有限公司财务费用。2个月后，短银行承兑汇票支付完毕后，以短银行承兑汇票质押变为6个月商业承兑汇票，银行保证贴现。

三、银企合作情况

银行提供如下服务：

1. 北京冀化建筑有限公司收到1笔银行承兑汇票，期限6个月，金额1000万元，汇票号码：000005。

2. 针对北京冀化建筑有限公司采购钢材，银行提供长变短业务，以期限6个月，金额1000万元，汇票号码：000005作为质押，开立新银行承兑汇票期限2个月，金额980万元（说明：由于质押的1000万元商业承兑汇票为6个月期限，而新办理的银行承兑汇票为2个月期限，因此，必须考虑价差），汇票号码：000006，支付给北京北钢钢铁股份有限公司。银行对质押的银行承兑汇票完成票据真伪鉴别，并实地照票完成票据查询后，确定提供大票变小票。

3.2个月后，金额1000万元，汇票号码：000006的银行承兑汇票到期解付后，北京冀化建筑有限公司金额1000万元，汇票号码：000005再次作为质押，开立金额1000万元，期限6个月的商业承兑汇票，汇票号码：000007，银行提供保贴承诺。支付给某小型水泥搅拌站。

4. 小型水泥搅拌站收到商业承兑汇票后，立即向银行申请办理贴现，银行及时将1000万元，期限6个月的商业承兑汇票办理贴现，小型水泥搅拌站承担贴现利息。

5.2个月后，金额1000万元，汇票号码：000005的银行承兑汇票到期，银行将托收回来的资金存为3个月定期存款及7天通知存款，进入北京冀化建筑有限公司保证金账户，等待商业承兑汇票解付。

【小提示】

营销最忌讳的就是没有任何的营销规划，没有自己的思路；最可怕的就是不知道客户的经营规划，处于信息不对称的劣势地位，容易出现逆向选择。因此，营销一定要坚持规划先行。

贷款机构在与企业的信贷合作过程中，要始终坚持“规划现行”的金融理念，在合作初期，提出切实可行的发展战略和投融资建议，在满足现有项目融资需求的同时，为后期留下发展空间，形成可持续发展。同时，在“规划现行”的合作理念下，通过对项目的充分论证，制订出最优的融资方案，控制了信贷风险，树立了长久合作的思路。

六、商业承兑汇票质押开立国内信用证（买方押汇）

【产品定义】

“商业承兑汇票质押开立国内信用证（买方押汇）”是指企业将其作为收款人的商业承兑汇票质押给银行，由银行减免保证金为其开立国内信用证并提供买方押汇融资的一种结构化授信产品。

该产品通常在贴现利率高企的时候适用，银行提供商业承兑汇票质押开立国内信用证，很合理地调整业务收入结构。同时，由于国内信用证的风险资产占用极低，可以大幅降低银行的风险资产消耗。

【风险控制】

1. 银行通过对企业应收商业承兑汇票付款人和授信企业申请开立的国内信用证的受益人范围的严格筛选和限定议付，有效控制授信企业销售资金的回笼，锁定授信企业授信资金的实际流向，掌握授信企业上下游贸易货物与资金的往来情况，真正实现通过控制授信企业的贸易链，实现资金流的封闭循环，达到对授信风险的有效监控目的。

2. 商业承兑汇票质押项下相关协议及文本要求：授信企业必须与银行签订《质押合同》。银行客户经理必须亲自陪同授信企业上门至下游企业经营场所核票、领票，并要求下游企业在银行格式的《银行商业承兑汇票查询确认书》上签章确认。同时，为避免此业务项下因货物质量、数量问题引起争议，导致国内信用证项下到期兑付资金发生垫款，授信企业向银行申请开立国内信用证前，必须由银行相关客户经理陪同至下游核心客户签署银行格式的对货物数量、质量无异议的《确认函》。该业务项下质押的商业承兑汇票必须为该下游买方客户直接开立并不得含有“不得背书转让”字样，并以银行为收款行的商业承兑汇票。该业务项下银行不接受经背书转让的商业承兑汇票。

【基本条件】

适合于做该业务品种的企业及基础交易条件：

1. 授信企业与上下游企业原则上不得为关联企业。

2. 授信企业与上下游企业建立了长期稳定的贸易往来，能够形成持续滚动的贸易资金流。

3. 授信企业自身及下游买方企业历史付款记录正常，无不良记录。

4. 商业承兑汇票出票人原则上应是资信优秀、具有一定实力，并与授信企业合作相对紧密的企业。

5. 授信企业销售的产品原则上应是原材料、零部件等标准统一、同质性强，不易产生质量争议的商品。

6. 销售方式为赊销，付款期限不超过 180 天。

7. 付款方式明确，并有确定的付款到期日。

8. 承诺以银行为主要结算行，质押给银行的商业承兑汇票必须通过银行办理托收。

申请开立银行国内信用证的必需条件：

1. 授信企业在该业务品种额度项下申请开立国内信用证应以其自有资金缴纳原则上不低于 20% 的开证保证金。

2. 授信融资比例原则上不得超过授信企业向银行质押应收商业承兑汇票票面金额的 80%。

3. 银行所开国内信用证到期付款日原则上不得晚于商业承兑汇票到期日 5 个工作日以上。

【适用客户】

票源丰富的一些贸易型客户，这类客户持有商业承兑汇票，商业承兑汇票贴现成本太高，希望使用国内信用证降低采购风险。

尤其是适用于一些中小型的钢铁经销商、煤炭经销商、化肥经销商、燃料油经销商、中小钢铁生产企业、中小电机企业、钢构企业等。

例如中小钢铁商贸企业，下游为实力强大的交通集团支付商业承兑汇票，中小钢铁商贸企业使用自己持有的商业承兑汇票质押，银行为其办理国内信用证用于采购钢材、焦炭等。因为使用国内信用证成本更低。

【产品优势】

1. 对企业益处

（1）企业可以通过商业承兑汇票质押签发国内信用证，避免承担因直接将商业承兑汇票贴现造成的较高的财务费用。

（2）企业通过使用商业承兑汇票质押开立国内信用证（买方押汇）用于对卖方的采购付款，可以防止卖方不履约，降低了采购风险。

2. 对银行益处

（1）银行可以获得可观的保证金存款，同时实现了借助现有企业关联营销上下游客户。企业需要缴存一定比例的保证金，外加商业承兑汇票质押。

（2）通过商业承兑汇票质押开立国内信用证（买方押汇），银行可以有效监控企业的信贷资金用途，有效提高银行的综合业务收入。

（3）商业承兑汇票如果换开银行承兑汇票，会有较高的风险资产消耗；而国内信用证风险资产消耗仅相当于银行承兑汇票的20%，会使得商业承兑汇票的转换成本大幅下降。

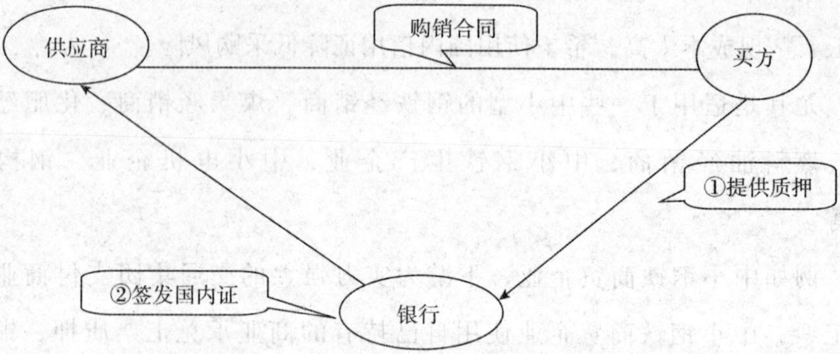

图2-6 商票质押开立国内信用证(买方押汇)交易流程

【与银票质押贷款比较】

表2-2 商票与银票质押贷款比较

商业承兑汇票质押开立国内信用证	商业承兑汇票质押贷款
银行操作目的在于发放国内信用证项下买方押汇，将贷款转化为贸易融资	单纯的银行贷款融资，记为贷款利息收入
可以控制贸易项下卖方的真实履约，保证银行授信资金用于真实商品交易，保证基础交易安全	客户自由使用资金，银行很难监控信贷资金的用途
银行可以获得国内信用证手续费收入，买方押汇利息收入	单纯的利息收入
融资利息比照贴现，收取贴现利息	融资比照贷款，收取贷款利息

【业务流程】

1. 客户经理完成前期营销，选定目标客户后，申请的授信额度类型为国内信用证开证额度。

2. 审查和报批授信业务，质押率原则上不超过80%。授信额度获批后，与授信企业签订相关协议。

3. 客户提交的资料包括企业信息基本资料（含营业执照复印件、组织机构代码证复印件、贷款卡查询信息打印件）、质押商业承兑汇票项下贸易背景真实性审核资料及授信意见中规定的其他必须提交的材料，并按本规定要求合理安排确定国内信用证到期付款日，确保信用证项下承付资金足额到位。

4. 银行为客户办理国内信用证。

5. 商业承兑汇票到期日前7个工作日，银行制作《到期提示通知书》，由客户经理负责及时办理质押票据出库手续，并于出库当日办理票据对外托收事宜。

6. 押票据到期兑付资金收讫入账，划入该授信企业专用信用证保证金账户内的资金需冻结，作为信用证到期兑付资金。

【案例2－7】

山东炼焦钢铁有限公司商业承兑汇票质押开立国内信用证（买方押汇）

一、企业概况

山东炼焦钢铁有限公司注册资本2亿元，年销售规模达到20亿元，公司每年需要大量购买钢铁物资，该公司下游客户是山东省电力公司、山东公路局等客户，销售收到的回款大部分都是商业承兑汇票。

二、银行切入点分析

银行了解到：山东炼焦钢铁有限公司采购量极大，销售收到的回款大部分都是商业承兑汇票。支付工具多为银行承兑汇票，银行可以提供5000万元商业承兑汇票额度。为了提高收益，实现关联营销其上游客户，同时控制资金用途，银行考虑提供国内信用证。

三、银企合作情况

银行提供如下服务：

1. 银行向山东炼焦钢铁有限公司提供5000万元商业承兑汇票＋国内信用证混合额度，用于山东炼焦钢铁有限公司的采购支付。

2. 山东炼焦钢铁有限公司与供应商签订《生铁采购合同》，在银行启用国内信用证额度5000万元，签发国内信用证。

3. 供应商收到国内信用证后，依据国内信用证条款发货，发货后，将发货单据提交开证行。

4. 银行收到发货单据后，通知山东炼焦钢铁有限公司立即签发5000万元国内信用证，收款人为供应商。

【小提示】

监控客户信贷资金使用，应当通过银行的授信产品，而非过多的人为干预，至少认为干预应当降到最低程度。

在监控客户信贷资金使用的同时，达到银行改善收入结构的目标。

应当控制客户，要求客户按照银行希望的方式使用产品、金融服务方案，当然这一过程中，客户也会得到实际的利益。

七、国内信用证项下商业承兑汇票保贴

【产品定义】

“国内信用证项下商业承兑汇票保贴”是指银行为国内的买方核定国内信用证额度，买方在银行开立国内信用证用于真实的商品采购，在买方提交国内信用证项下单据后，银行为买方办理商业承兑汇票解付国内信用证并放单给买方的一种银行授信业务形式，其实只是开证行对买方的一种短期资金融通。

【适用客户】

适用于与银行合作过程中，处于弱势地位的中型客户。对于一些单纯提供贷款风险较大的中小客户，最好的方式就是巧妙使用授信产品组合，通过方案来控制风险。

还适用于关联企业之间的客户，例如中小钢铁企业和关联的钢铁采购公司之间，银行对中小钢铁企业提供国内信用证额度，关联的钢铁采购公司收到国内信用证后，办理国内信用证质押签发银行承兑汇票用于采购焦炭、废铁等资料。

对中小钢铁企业如果直接提供银行承兑汇票，用于给关联的钢铁采购公司的付款，有时很难控制交易背景。

【营销建议】

1. 银行通过国内信用证项下商业承兑汇票保贴，可以使客户真实贸易项下的采购使用票据支付。该产品相对于国内信用证项下买方押汇，可以大幅降低财务费用。

2. 银行应当主动参与到一些关联企业的授信方案设计当中，通过积极灵活合理地使用银行授信产品，既能降低银行的授信产品风险，同时可以帮助企业有效扩大采购。

【产品优势】

国内信用证项下商业承兑汇票保贴与贷款的功能相同，但是银行使用国内信用证项下商业承兑汇票保贴却可以起到控制资金用途，改善收入结构的特殊功效。

国内信用证项下商业承兑汇票保贴与贷款的比较：

表 2－3　国内信用证项下商业承兑汇票保贴与贷款比较

	国内信用证项下商业承兑汇票保贴	贷款
费用	手续费：国内信用证通常为 1.5‰；银票 0.5‰ 融资利息：在买方付息票据模式下，承担贴现利息	手续费无 融资费用：流动资金贷款利息
期限	根据整个贸易的周转周期确定	客户与银行商议确定，通常没有明确和商务贸易挂钩
风险控制	有条件的付款方式，是以真实的贸易背景为依托，以单证相符、单单一致的付款条件做保证，相对于其他贷款和表外产品而言，更有利于银行有效地控制授信风险，防止客户挪用资金	很难控制客户的资金使用行为，最多是要求客户在使用每笔贷款前，提交用款计划
比较结果	融资费用适度，收入结构明显改善，中间业务手续费及贸易融资收入	简单的流动资金贷款利息收入

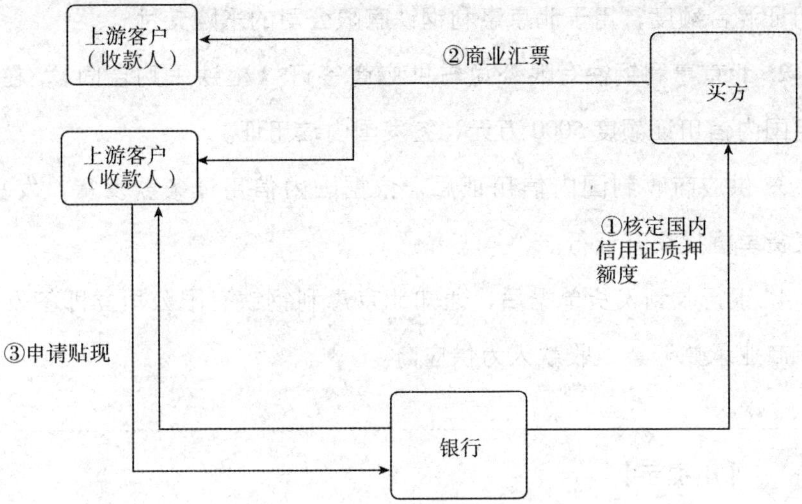

图 2－7　国内证项下商票贴现流程

【案例 2－8】

北京惠利钢铁有限公司国内信用证项下商业承兑汇票

一、企业概况

北京惠利钢铁有限公司注册资本 8 亿元，年销售规模达到 166 亿元，为本地的中型规模的钢铁生产企业。公司每年需要大量购买生铁、废铁等物资，该公司急需银行融资。

二、银行切入点分析

银行了解到：北京惠利钢铁有限公司采购量极大，为了提高收益，实现关联营销其上游客户，同时控制资金用途，银行考虑提供国内信用证。

三、银企合作情况

银行提供如下服务：

1. 银行向北京惠利钢铁有限公司提供 5000 万元商业承兑汇票 + 国内

信用证混合额度，用于北京惠利钢铁有限公司的采购支付。

2. 北京惠利钢铁有限公司与供应商签订《生铁采购合同》，在银行启用国内信用证额度5000万元，签发国内信用证。

3. 供应商收到国内信用证后，依据国内信用证条款发货，发货后，将发货单据提交开证行。

4. 银行收到发货单据后，通知北京惠利钢铁有限公司立即签发5000万元商业承兑汇票，收款人为供应商。

【小提示】

建议所有商业银行客户经理没有存款的事情不做，所有授信方案发起点都是如何设计存款，以银行票据产品为围栏，阻止企业资金的流出，但是还必须帮助企业完成商务结算。我们的出发点都应当是结果决定过程，以结果来推导过程。

八、商业承兑汇票（1换6融资方案）

【产品定义】

“商业承兑汇票（1换6融资方案）”是指付款人签发1个月商业承兑汇票付款，在商业承兑汇票到期后，银行或贷款公司提供6个月封闭流动资金贷款，定向用于解付1个月商业承兑汇票；银行对商业承兑汇票收款人提供商业承兑汇票换开6个月银行承兑汇票融资的一种捆绑融资业务。

【操作规则】

商业承兑汇票1换6，银行或贷款公司给买方企业核定授信额度，商业承兑汇票和流贷共同占用一笔授信额度，两个授信品种相互替换。

说明：商业承兑汇票是企业自行的对外支付行为，由企业自行签发。在商业承兑汇票到期日，银行或贷款公司提供一笔与商业承兑汇票同等金额的贷款，定向用于解付商业承兑汇票。

【适用客户】

希望获得短期期流动资金支持的借款人，尤其是议价能力较弱的借款人，这类借款人在其他银行办理银行承兑汇票，可以提供此方案。如房地产开发商（支付电费）、大型煤矿（支付合同款）等。

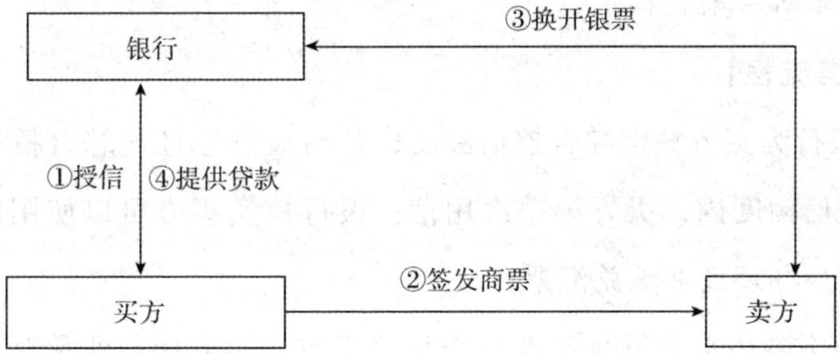

图2-8　商票1换6融资方案业务流程

【产品优势】

1. 对银行益处

（1）可以为银行制造极为惊人的存款。由于商业承兑汇票期限极短，仅有1个月的时间，故为商票换银票留下了巨大的制造存款的空间。

（2）银行可以实现关联营销。借助商业承兑汇票置换为银行承兑汇票，银行可以关联营销上游供应商。

2. 对客户益处

（1）买方客户可以有效降低融资成本。通过商票+贷款授信产品的组合结构化使用，买方客户可以有效降低自身的融资成本。商业承兑汇票无须支付利息，而流动资金贷款才需要支付利息，通过组合使用授信产品，在满足企业支付采购需要的同时，最大限度地降低了企业自身的财务费用。

(2) 在银行贷款规模紧张情况下，企业可以迅速获得授信额度的使用。

【所需资料】

1. 有关证明交易真实性的资料。需要说明：客户需要提供商业承兑汇票捆绑流贷付款方案所对应的商品交易合同、增值税发票资料。

2. 低风险授信所需常规资料：营业执照、法人代码证书、税务登记证、贷款卡等一般资料。

【业务流程】

1. 银行为买方核定综合授信额度，并与买方签订《综合授信协议》，在综合授信额度内，买方第一次用信：银行核实买方可以使用的敞口额度，为客户办理商业承兑汇票。

2. 买方签发商业承兑汇票，交付给卖方，卖方持商业承兑汇票办理贴现或质押换开银票等业务。

3. 在商业承兑汇票到期当日，买方第二次用信：银行对买方办理与商业承兑汇票敞口金额等同金额的贷款，定向解付商业承兑汇票。

【营销建议】

对于一些有较长期限融资需求的客户，而同时这些客户希望可以降低融资成本的，可以采取这种授信方案思路。

举例示范：某中型铝业厂商需要对外采购100万元铝锭。银行为其核定100万元授信额度，银行首先要求铝业厂签发1个月商业承兑汇票支付金额200万元（100万元敞口额度+100万元保证金存款），在1个月商业承兑汇票到期时，由银行提供100万元定向流动资金贷款解付商业承兑汇票；银行对铝锭供应商办理1个月商业承兑汇票质押换开6个月银行承兑汇票的一种供应链融资业务。

等于银行给中型铝业厂商提供7个月的授信。对供应商银行提供保押，会接受商票付款条件。

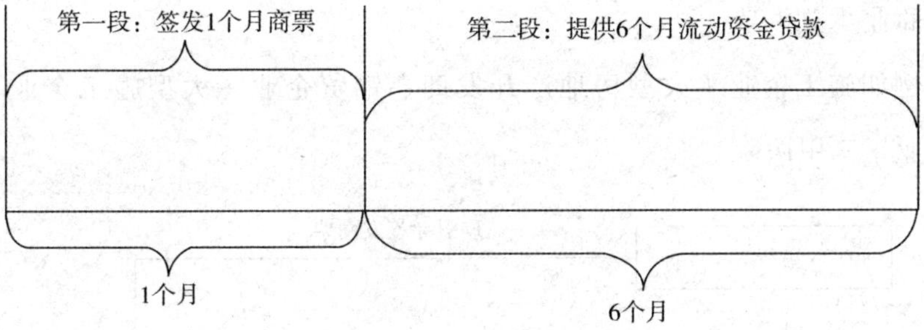

图2-9　商票质押贷款期限

【小提示】

授信必须带来存款，存款用于再次放贷（授信）。授信再次产生存款，存款再次放贷，形成正向循环，用一个授信企业带来的资金给另外一个授信企业发放贷款。无论是银行，还是贷款公司，都可以利用商业承兑汇票和贷款期限的错配带来可观的存款。

九、应收账款商票化授信方案

【产品定义】

“应收账款商票化授信方案”是指银行引导中小企业对大型企业的应

收账款转化为商业承兑汇票付款，银行或贷款公司采取商业承兑汇票质押或变现等的一种债项融资业务。

【适用客户】

适用于中小企业客户，下游是较为强势的核心企业。中小企业有大量的应收账款，银行可以引导这些中小企业，由下游强势核心企业对其签发商业承兑汇票。

例如施工企业 + 大型房地产开发商、钢贸企业 + 大型施工企业、医贸企业 + 三甲医院。

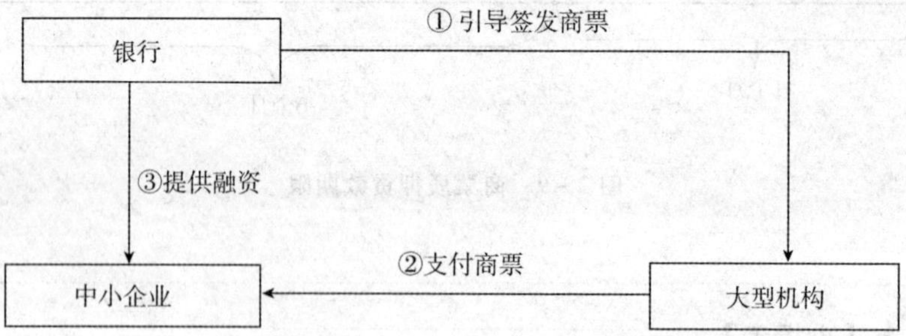

图 2-10　应收账款商票化授信方案业务流程

【产品优势】

1. 对银行益处

（1）可以有效降低银行对中小企业的融资风险，将弱担保提升为强担保，提升银行信贷资产质量。中小企业持超强势核心大企业的商业承兑汇票作为质押，银行对其提供贷款，其实就是核心大企业对中小企业的贷款提供了强担保。

（2）银行可以有效放大对中小企业的融资额度，巩固与中小企业的合作紧密度。应收账款融资额度，通常是应收账款金额的 60% ~ 80%；而商业承兑汇票的融资，可以最高提供 90% ~100% 的融资，大幅提高了融资比例。

2. 对客户益处

客户可以有效获得更大金额的授信额度，在银行贷款规模紧张的情况下，可以迅速获得授信额度的使用。

3. 对贷款公司（票据金融服务公司）益处

贷款公司对中小企业采取商业承兑汇票质押方式提供融资，可以大幅降低对中小企业的贷款风险，有效扩大中小企业客户群体。

【所需资料】

1. 有关证明交易真实性的资料。需要说明：客户需要提供商业承兑汇票捆绑流贷付款方案所对应的商品交易合同、增值税发票资料。

2. 低风险授信所需常规资料：营业执照、法人代码证书、税务登记证、贷款卡等一般资料。

【业务流程】

1. 银行引导中小企业，说服下游大型机构为中小企业办理商业承兑汇票，在大型机构的应付账款额度内办理商业承兑汇票。

2. 大型机构签发商业承兑汇票，交付给中小企业，中小企业持商业承兑汇票办理贴现或质押换开银票等业务。

【营销建议】

对于有融资需求的中小企业客户，应当仔细研究中小企业客户的财务报表，如果发现企业财务报表中有大量的应收账款，应当引导其应收账款向商业承兑汇票转化。

举例示范：某医药商向三甲医院供货，有应收账款 2000 万元。银行引导医药商将 2000 万元应收账款转为商业承兑汇票需要对外采购。

银行为医药商办理3000万元授信额度，银行办理3000万元银行承兑汇票（2000万元商业承兑汇票质押+1000万元保证金存款)。

十、商业承兑汇票付款方案

【产品定义】

“商业承兑汇票付款方案”是指针对集团设立专业采购子公司的模式，银行或贷款公司为专职采购提供商业承兑汇票融资，用于设备等的集中采购的一项典型的组合贸易融资业务。

【业务模式】

1. 采购公司委托采购模式

（1）定义。

采购公司与集团公司或其下属项目公司（以下统称“委托采购方”）签订材料设备的采购合同；采购公司根据采购合同委托方要求向供应商购买材料设备并签订购销合同，采购合同委托方作为商业承兑汇票的付款人（承兑人）签发商业承兑汇票，交付采购公司，采购公司为银行授信客户且为商业承兑汇票收款人（贴现人）在银行办理贴现后，将资金划付合同供应商。

（2）操作要点。

①商票贴现为现金后，支付现金给上游。

②商票质押为银票后，支付银票给上游。

（3）采购公司在银行取得授信后，持上述商业承兑汇票向银行申请贴现。

①贴现人需提供与委托采购方签订的采购合同及与供应商签订购销合同，以及相关发票。

②贴现资金入账后必须与供应商签订的购销合同项下的供应商账户。

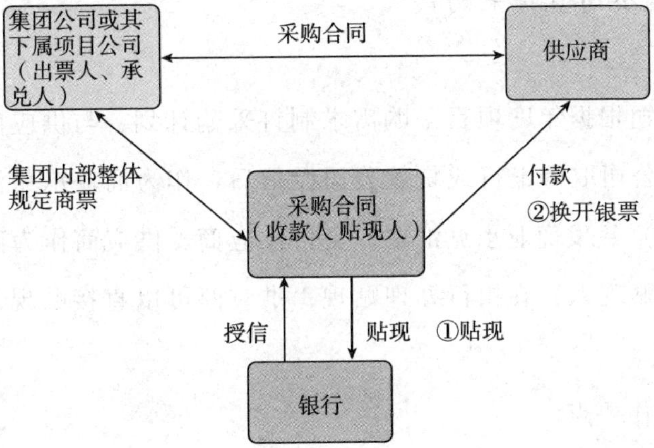

图 2－11　采购公司与供应商签订合同

2. 采购公司受托支付模式

（1）定义。

集团公司或其下属项目公司根据自身项目材料设备需求与供应商签订采购合同。采购合同根据集团内部管理相关规定及采购合同，向供应商支付货款，集团公司或其下属项目公司作为商业承兑汇票的付款人（承兑人）签发商业承兑汇票，交付采购合同，采购合同为银行或贷款公司授信客户且为商业承兑汇票收款人（贴现人）在银行办理贴现后，将资金划付合同供应商。

（2）操作要点。

采购公司在银行或贷款公司取得授信后，持上述商业承兑汇票向银行申请贴现。

①贴现人需提供集团公司或其下属项目公司与供应商签订的采购合同，以及相关发票。

②贴现资金入账后必须划入采购合同项下的供应商账户。

3. 采购公司直接采购模式

（1）定义。

采购公司根据年度项目采购需求制订采购计划，与供应商签订购销合同。采购公司取得银行或贷款公司授信后，作为商业承兑汇票的付款人（承兑人）签发商业承兑汇票，交付供应商，供应商作为商业承兑汇票收款人（贴现人）在银行办理贴现，供应商可以直接贴现，也可以申请代理贴现。

（2）操作要点。

采购公司在银行或贷款公司取得授信后，开出商业承兑汇票，供应商持票向银行或贷款公司申请贴现，或申请代理贴现。

贴现人需提供与采购公司签订的购销合同，以及相关发票。

【产品背景】

1. 为保证各地集团下属公司项目的采购，进行标准化的管理，集团设专职采购子公司。按照统一标准集中采购，以加强管理，控制工程质量，节约成本。

2. 采购公司在采购时，可能需要垫付大量资金，因此有优化支付结算手段，拓展短期融资渠道的需求。而商票的运用恰好能够满足其的这一需求。且作为银行信贷及现金管理业务的延伸，丰富了银行的金融产品，提升了银行的专业品质。采购公司作为独立法人，独立经营结算，每年产生可观的利润。现有支付结算模式以现金为主，垫付采购款占用

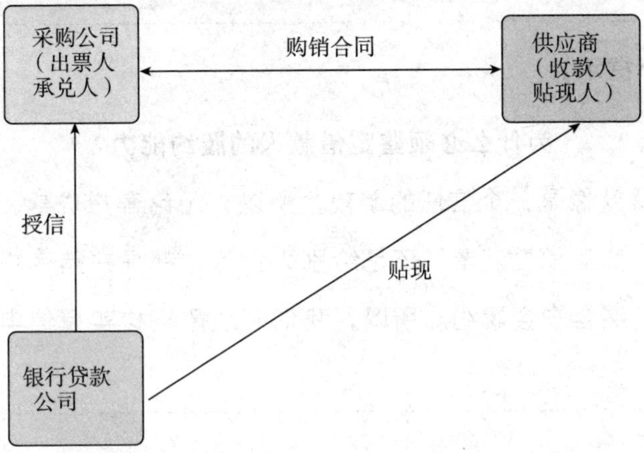

图 2－12　授信流程

较多短期资金，降低了集团整体资金运营效率。同时，随着集中采购规模的增长，采购公司更加需要优化支付手段以及拓展短期融资渠道。

【综合评价】

在“三法一指引”等政策出台的经济产业调控背景下，集团企业的融资越来越规范，但也被更多地制约，传统总公司集中统一贷款已不能完全解决全产业链各个环节对资金的需要，而且对银行吸收存款造成了较多的困难，因此，银行可以灵活使用商业承兑汇票。

将商票运用于集团客户下属采购公司贸易环节的商业模式，不仅突破了原有较为单一的产品模式、有针对性地满足客户的实际需求，而且可以将开发商的融资与建材设备贸易融资联结起来，从而使资金在银行形成产业链循环，提高了资金利用效率，从流程上防范了风险，增加了负债业务、中间业务的机会，提高了银行收益。此外，此种模式还将客户范围扩展至上游供应商，一方面提高了核心客户对专业服务的依赖程度，另一方面也为交叉销售奠定了基础。

【小提示】

为什么必须鉴定借款人的履约能力?

做信贷就像是一个信任的游戏，所以，无论客户贷款、开立银行承兑汇票、商业承兑汇票，还是给别人担保，都是在赌客户能够承担这笔信贷，赌客户会履约。所以，我们必须严格核实授信申请人的履约能力。

十一、商业承兑汇票保押商票方案

【产品定义】

“商业承兑汇票保押商票方案”是指银行或贷款公司为企业办理商业承兑汇票，持票人持商业承兑汇票在银行或贷款公司质押，再次办理商业承兑汇票，银行或贷款公司对最后一手商业承兑汇票持票人办理保贴或保押业务的一项典型的组合贸易融资业务。

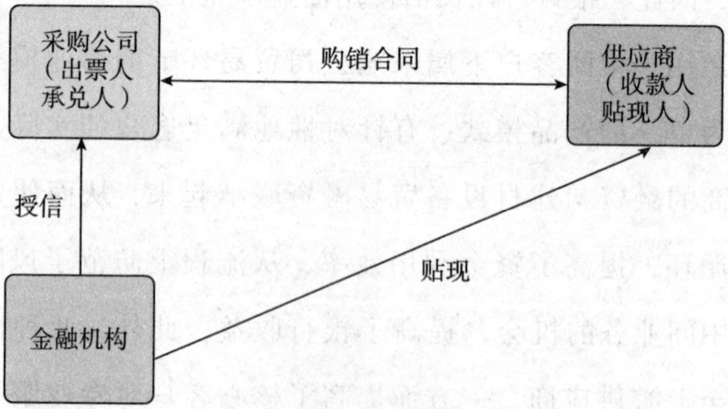

图 2－13　商票变现流程

【业务流程】

1. 买家在银行或贷款公司取得授信后，签发商业承兑汇票，银行或贷款公司承诺保押。

2. 供应商持商业承兑汇票向银行或贷款公司申请办理新签发商业承兑汇票。

3. 终端供应商持最后一手商业承兑汇票办理质押，银行或贷款公司提供保贴服务。

【小提示】

小额信贷对效率要求极高，在小额信贷中，快可以容忍贵，当大型银行必须3个月才能批准的100万元的贷款项目，你这家小额贷款金融机构1周就可以搞定，你完全可以多要2个点的利率，这就是对效率的溢价回报。其实，要不你就不批，要不就快批，慢批还不如不批。

十二、三方商业承兑汇票保兑仓

【产品定义】

“三方商业承兑汇票保兑仓”是指在卖方与买方真实的商品贸易交易中，买方以商业承兑汇票为结算支付工具，由银行控制货权，卖方受托保管货物并对承兑汇票保证金以外敞口金额部分由卖方以货物退款承诺作为担保措施，买方随缴保证金随提货的一种特定融资服务模式。

大部分银行习惯于在保兑仓中使用银行承兑汇票，其实商业承兑汇票的使用效果远远好于银行承兑汇票。

保兑仓最能满足大型制造类厂商的需求，厂商提供自身的信誉支持，帮助经销商在银行获得定向采购融资，在支持其发展的同时，促进厂商自身产品的销售。同时，厂商可以有效地控制货物，避免产生大量的应收账款风险。

【有关主体】

三方保兑仓，包括厂商、经销商、融资银行。

通常对银行提供保证措施为厂商退款承诺，即商业承兑汇票到期前，如果经销商没有存入足额的保证金（即经销商没有从核心厂商提走全部货物），核心厂商负责退还商业承兑汇票票面金额与经销商提取的全部货物金额之间差额款项，又称直客式保兑仓。

保兑仓最能符合当前核心厂商想法，对经销商既愿意提供一定帮助，促使其获得银行融资，促进自身产品销售；同时，希望能够最大限度地控制货物，不希望经销商无节制地赊销，使厂商产生大量的应收账款风险。

【产品优势】

1. 对买方（经销商）益处

（1）依托真实商品交易结算，买方借助厂商资信获得银行的定向融资支持，减轻了自身的资金压力。商业承兑汇票相对于使用银行承兑汇票，成本更低。

（2）买方可以从厂商获得批发购买优惠，使其享受到大宗订货优惠政策，降低了购货成本。

（3）能够保证买方商品供应通畅，避免了销售旺季商品的断档。

（4）巩固了与厂商的合作关系。不受季节影响，以足够资金实力赢得厂商紧俏商品的经销或总经销权。

2. 对卖方（厂商）益处

（1）可以有效地扶持经销商，巩固、培育自身的销售渠道，建立自身可以控制的强大销售网络，迅速扩大销售规模。

（2）卖方既促进了产品销售，同时牢牢控制货权，接受商业承兑汇票作为付款条件，防止了在赊账方式下买方可能的迟付、拒付风险。

（3）卖方将应收账款转化为应收票据或现金，应收账款大幅减少，改善了公司资产质量，促进了销售，加快了资金回收。

（4）卖方提前获得订单，锁定了市场销售，便利安排生产计划。

（5）卖方支付了极低的成本（自身信用），借助买方间接获得了低成本的融资（票据融资）。

（6）通过银行提供的商业承兑汇票置换为银行承兑汇票服务，可以帮助卖方很快将商业承兑汇票变现，卖方的财务费用降到最低。

【小提示】

由于买方签发商业承兑汇票，有明确的到期日，对其有较强硬性约束。

3. 对银行益处

（1）可以实现链式营销。该产品针对整个产业链条，满足客户产、供、需各个环节的需求，银行可针对厂商及经销商进行链式营销，有利于银行进行深度拓展。

（2）风险控制优势。借助商业承兑汇票排他性的功能，业务双向结算封闭在银行，销售回款覆盖融资本息，可以较好地保证银行信贷资金安全。

银行有实力强大的卖方的最终保证，可以在一定程度上降低授信风险。

(3) 借助在产业链中处于强势地位的核心厂商，“顺藤摸瓜”关联营销其众多的经销商，形成“以点带面”的营销效果。

(4) 商业承兑汇票具有天然的排他性，银行对经销商签发商业承兑汇票，核心厂商收到商业承兑汇票，必须提交给银行，办理商业承兑汇票置换银行承兑汇票，或贴现，这样可以防止经销商签发银行承兑汇票不交付给银行，同时可以防止经销商挪用票据。

【点评】

对卖方而言，提供了一定类似担保的信用，帮助经销商获得融资，厂商拿到商业承兑汇票后，通过置换为银行承兑汇票，可以有效地降低财务费用。同时，借助保兑仓可以牢牢地控制经销商专心经销卖方的产品。

【风险控制】

1. 信用风险

信用风险主要体现在银行、生产商（卖方）和经销商（买方）三个方面。

(1) 生产商（卖方）风险主要体现在由于经销商（买方）的失信和销售不力。在商业承兑汇票期后，如果买方缴付的保证金余额低于商业承兑汇票的金额时，即买方不能完全实现销售，则卖方就必须将商业承兑汇票保证金的差额部分以现款支付给银行，必须甄别生产商是否具有真正的代偿能力。

(2) 银行风险主要体现在一方面核定生产商和经销商的履约能力，另一方面虽然经销商向银行缴纳保证金，生产商对差额部分的担保。但对于最为重要的提货权是定义为物权还是债权的争议比较激烈。如果作为物权，银行就有无限追溯权和排他权，但如果作为债权，银行的保障力量就大大减弱，仅限于普通的债的请求权。

（3）经销商（买方）风险主要体现在保兑仓业务要求经销商能承担资金占用的风险和财务成本，并能够在最短时间里实现变现，避免资金占用按时偿还银行承兑汇票面临的主要风险。

（4）信用方面的审查：包括对保兑仓业务涉及的买方、卖方两方面信用主体、交易背景真实性和产品标的严格审查，从而降低银行的信用风险。

2. 银行对有关主体的选择

（1）买方应重点考察其资信状况，资金实力和商品的销售状况，商品销售能力和存货回款速度等方面，应关注：

①符合银行关于法人客户授信的基本规定，企业法人营业执照、贷款卡、组织机构代码证书经最新年检，注册资金已经全额到位，依法从事经营活动，并在银行开立结算账户。

②至少有一年以上经销同类商品的经验，是本地的区域总代理或一级代理商；与卖方有真实、正常和稳定的商品购销关系，并得到卖方的推荐或认可。

③商业承兑汇票用途为购买前述商品。

④考查其信誉是否优良，以往付款记录是否良好。

（2）卖方应重点审查其从事行业的前景，商品的市场竞争能力，企业经营状况以及企业的资金实力，以往交易履约状况等，同时还应注意以下几点：

①符合银行对借款企业基本条件的要求。

②信用等级评定为A级（含）以上，年销售收入一般应不低于5亿元，企业信用等级需评定为AA级（含）以上，年销售收入一般应不低于20亿元。

③企业在过去两年里的销售合同履约记录良好，无因产品质量或交

货期限等问题而与买方产生贸易纠纷。

(3) 交易背景真实性:

①具有真实的基础交易背景，且交易行为合法。

②买卖双方已形成长期稳定的供应关系，交易行为能形成稳定连续的现金流。

③买卖双方以往及近期交易关系正常，无债权纠纷。

(4) 产品标的审查：考查产品标的是否适合于作保兑仓业务。一般情况下，保兑仓业务涉及交易标的须具有如下特点:

①产品生产商须为国内知名企业，产品质量稳定，退货率及返修率低，原料供应和生产能力充足，年销售额较大，销售的商品须是适销对路且为卖方的主营业务产品。

②产品投产时间五年以上，产品的生命周期较长，在可以预见的未来时期被替代或淘汰的可能性较小；产品不会发生物理、化学变化，如家电、金属材料、化工原料等。

③产品不存在权力限制，未设定抵、质押等担保，产品价格相对稳定。

【业务流程】

1. 银行为卖方和买方核定一定金额的授信额度，明确买方首次保证金比例，使用的授信品种为商业承兑汇票，明确卖方的退款授信额度。

2. 卖方和买方签订《商品购销协议》，约定结算方式为买方提供一定的预付款，卖方分批发货，银行和卖方、买方签订《保兑仓三方合作协议》。

3. 根据《商品购销协议》，买方签发以卖方为收款人的商业承兑汇票。

4. 根据《保兑仓三方合作协议》规定的条款，买方在银行存入一定保证金，并向银行提出提取货物的申请。

5. 银行向卖方签发《发货通知书》，通知卖方将等额货物发至买方。

6. 根据《保兑仓三方合作协议》规定，在商业承兑汇票到期前，买方提货金额不足商业承兑汇票金额，银行向卖方发出《退款通知书》。

7. 卖方收到《退款通知书》后，核对台账，办理退款，卖方将退款汇入银行指定账户。

8. 银行扣收退款兑付商业承兑汇票。

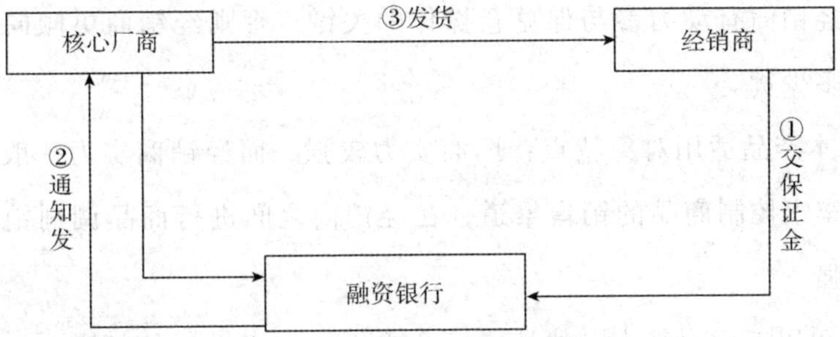

图 2－14　三方保兑仓流程

【产品特点】

1. 保兑仓适用商业模式：采取经销商销售模式，上游为核心厂商，下游为经销商，经销的产品质量稳定（不易发生化学变化），属于大宗货物、易变现、产值相对较高、流通性强的商品。在销售上采取经销商制销售体系，如家电、石油、汽车、电脑、轮胎、纸张、手机、烟草等。

2. 卖方经营管理规范、销售规模较大，回购担保能力较强，属于行业的排头兵企业，在银行能够核定授信额度。卖方出于促进自身产品销售的目的，愿意与银行合作保兑仓业务。

3. 买卖双方在过去两年里合同履约记录良好，没有因为产品质量或交货期限等问题产生贸易纠纷。

【所需资料】

1. 厂商所有的常规授信资料。

2. 经销商所有的常规授信资料。

3. 交易合同资料、货物物权凭证等。

【营销建议】

1. 在保兑仓模式下，卖方获益较多，对经销商提供更多的价格折扣是保证经销商有动力参与保兑仓操作的关键，否则经销商更倾向于有多少钱提多少货。

2. 本产品适用对象特点：厂商实力较强，而经销商实力一般，厂商有能力牢牢控制商品的销售渠道，在经销商之间进行商品调剂销售的能力非常强。

3. 可以考虑对特大型的核心厂商提供一个虚拟授信额度，如宝钢集团、武钢集团、攀钢集团，利用这些公司的公开资料进行授信核定，便利经营机构拓展这些钢厂的经销商；而不必像传统授信，一定要这些客户提出申请，拿到全套的授信资料才进行授信操作。

4. 切记：保兑仓项下的买方一定是流通企业，而不是制造类企业或终端使用者。物流企业有着大量的现金流和票据流，对银行而言，具有十分重要的商机。

这些流通企业具有几个鲜明的特点：一是现金流量大，流速周转快；二是票据量大，以银行承兑汇票采购为主；三是缺乏抵押担保手段，单独授信困难。这些企业最大的需求是能以货物作抵押，开立银行承兑汇票，稳定货物的储备和供应。而现金流量巨大则是银行拓展这些企业的最好回报。

【点评】

1. 保兑仓的发展非常迅速，从最早的钢铁行业拓展到了汽车、家电、化肥等多个行业。从理论上讲，只要核心厂商愿意提供回购或退款保证，任何行业都可以操作保兑仓业务。

2. 保兑仓的操作方法也呈现多样性，经销商既可以采用现金方式提货，补足银行承兑汇票保证金敞口，也可以采用合格的银行承兑汇票（符合本行贴现要求的银行承兑汇票）质押提货。但是，以第二种方式提货，必须考虑：

经销商提供的合格银行承兑汇票到期日早于商业承兑汇票，即在银行承兑的银行承兑汇票到期前，客户提交的合格银行承兑汇票能够托收回现金保证支付，则可以考虑100%全额质押提货。

经销商提供的合格银行承兑汇票到期日晚于商业承兑汇票，即在银行承兑的银行承兑汇票到期前，客户提交的合格银行承兑汇票还没有到期，则应当考虑扣除贴现利息的合理质押率，并要求客户提供所有的贴现手续，防止万一客户不能到期缴存保证金置换票据的风险。

3. 可以操作保兑仓行业的共同特点：

（1）行业本身竞争非常激烈，厂商有巨大的开拓市场的压力。而像石油、煤炭等行业很少出现保兑仓，就是因为行业是由少数寡头垄断的市场，卖方根本不需采取这种方式来刺激销售渠道。

（2）产品属于大宗商品，产品市场需求广阔。

（3）产品销售周期较短，很容易市场变现。

4. 保兑仓项下，厂商提供商业商务交易项下退款承诺，而非对银行债务提供连带责任保证，因此，很多银行要求厂商签订《保证合同》，并在信贷系统中录入担保信息是不妥当的。

【案例2－9】

湖南降冷股份有限公司保兑仓融资

一、企业概况

湖南降冷股份有限公司主要产品是各种线材以及各类特殊用途钢，年生产线材能力320万吨，是国内较大的线材生产基地，属于特大型钢铁制造集团，公司注册资本30亿元，年销售额超过360亿元，净利润17.9亿元，全年主要产品产量：铁425.6万吨，钢515.7万吨，材381.6万吨。公司财务状况、资信状况良好，负债合理。主要产品为各种线材以及各类特殊用途钢。湖南降冷股份有限公司是国内较大的线材生产基地，公司为了争夺内蒙古市场，准备对经销商进行融资支持。公司董事会形成决议：授权总经理在季度末担保额金额不超3亿元的前提下，根据公司营销活动及市场情况，对13家提供担保融资支持。湖南降冷股份有限公司的选择：为经销商创造更好的融资环境，促进本公司产品的销售，以期获得更大的市场份额。

内蒙古金属材料有限公司是湖南降冷股份有限公司在内蒙古地区最大的经销商，公司注册资本为1500万元，总资产3.1亿元，年销售额近20亿元，公司同时是内蒙古地区金属材料流通行业的大型企业。

二、银行切入点分析

若只考虑内蒙古金属材料有限公司自身情况，银行不可能提供授信。而湖南降冷股份有限公司经营状况较好，属于银行争夺的优质大户，银行可以借助湖南降冷股份有限公司的担保对内蒙古金属材料有限公司提供一定的授信。在了解到湖南降冷股份有限公司可以提供保兑仓回购担保后，银行为内蒙古金属材料有限公司核定授信额度。

通过银行在保兑仓项下授信额度核定，银行为内蒙古金属材料有限公司核定商业承兑汇票额度，用于向湖南降冷股份有限公司的订货采购。湖南降冷股份有限公司提前收到货款，便于安排生产，并将收到货款用于归还贷款等。

三、银企合作情况

业务流程：

1. 内蒙古金属材料有限公司与湖南降冷股份有限公司签订《采购合同》，约定采取保兑仓的方式进行交易。

2. 内蒙古金属材料有限公司向银行递交授信申请，并联系湖南降冷股份有限公司配合银行调查两家公司的财务资料，银行为湖南降冷股份有限公司核定担保额度，为内蒙古金属材料有限公司核定商业承兑汇票额度。银行为内蒙古金属材料有限公司核定1000万元的授信额度，明确首次保证金比例30%。

湖南降冷股份有限公司、内蒙古金属材料有限公司、银行签订《三方合作协议》。

根据单笔交易合同，内蒙古金属材料有限公司签发以湖南降冷股份有限公司为收款人的商业承兑汇票。

3. 内蒙古金属材料有限公司缴存保证金，银行将保证金存为3个月定期存款，为客户获得一定理财收益。

4. 银行向湖南降冷股份有限公司发出《发货通知书》，通知向内蒙古金属材料有限公司发放等额货物。

5. 根据《三方合作协议》规定，在商业承兑汇票到期前，内蒙古金属材料有限公司提货金额不足商业承兑汇票金额，湖南降冷股份有限公司回购货物，将回购款汇入银行指定账户。

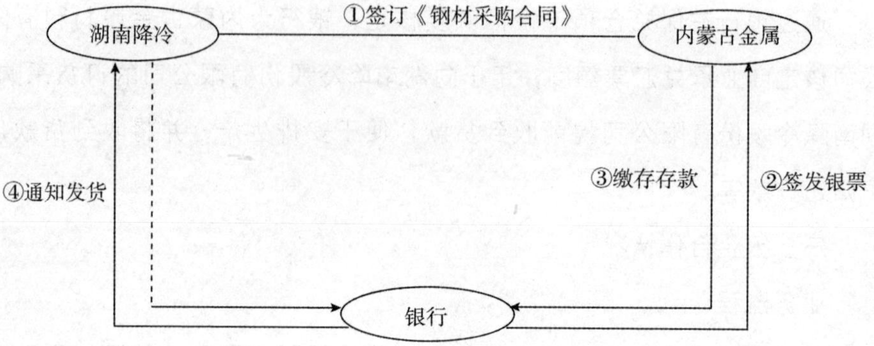

图 2－15　三方保兑全流程

【点评】

为什么会选择保兑仓？

1. 竞争的需要。内蒙古地区有大型钢厂，竞争压力非常大，面临市场被不断蚕食的威胁，尽快扩大销售、稳定销售渠道成为了必然的选择。

2. 融资的选择。以往公司都是直接从银行大量贷款，通过保兑仓，湖南降冷公司既可以锁定市场销售，便利安排生产计划，又可以间接地获得经销商的资金融通。

【小提示】

商业银行做存款的诀窍就是押贷期限的错配，即就是质押物和银行融资期限的错配。短银行承兑汇票质押发放长期限贷款，短应收账款质押发放长期限银行承兑汇票，存款通过错配得来。同时，通过存款结构性安排，企业无须再提供额外的费用支出，银行和企业各取所需。企业认为，成本相对合理，会接受银行的方案。

十三、三方保押商业承兑汇票保兑仓

【产品定义】

“三方保押商业承兑汇票保兑仓”是指在卖方与买方真实的商品贸易交易中，银行对经销商签发短商业承兑汇票 + 短期贷款组合融资，买方以商业承兑汇票为结算支付工具，由银行控制货权，卖方受托保管货物并对商业承兑汇票保证金以外敞口金额部分及贷款未清偿部分，由卖方以货物退款承诺作为担保措施，买方封闭商票授信敞口，随提货的一种特定融资服务模式。

【有关主体】

特殊操作之处：

银行对买方提供 3 个月商业承兑汇票 +6 个月短贷组合融资，这样操作的好处是，可以给买方较长期限的融资，且避免了银行承兑汇票方式下需要缴存较高额度的保证金的问题。

由于买方通常都需要较长期限的融资，尤其是在工程机械车、钢材经销商等，通过银行提供组合融资，可以有效降低买方的融资成本，拉长融资期限。

这种融资方式，适用于卖方相对很强势，对银行业较为依赖的状况，例如二线钢厂厂商、二线白酒厂商、二线汽车厂商等。需要银行较深度地介入，主动说服厂商与经销商配合银行的融资方案。

【产品优势】

1. 对买方（经销商）益处

(1) 依托商业承兑汇票与贷款的组合融资，可以最大限度降低融资成本，减轻了自身的资金压力。但对于单纯提供贷款，成本大幅下降。

(2) 融资期限较长，便于企业的灵活的资金运作，为企业的资金周转提供了空间。

2. 对卖方（厂商）益处

(1) 可以有效地扶持经销商，巩固、培育自身的销售渠道，建立自身可以控制的强大销售网络，迅速扩大销售规模。

(2) 相对于简单的银行承兑汇票方式，对经销商的融资方式灵活，可以有效支持经销商的发展，降低了整个产业链的运行成本。

(3) 对卖方而言，提供了一定类似担保的信用，帮助经销商获得了融资，卖方拿到短商业承兑汇票。相对于以前的6个月银行承兑汇票，账期大为缩短，缩短了销售的回款周期。

3. 对银行益处

(1) 可以实现链式营销。该产品针对整个产业链条，满足客户产、供、需各个环节的需求，银行可针对厂商及经销商进行链式营销，有利于银行进行深度拓展。

(2) 风险控制优势。通过商业承兑汇票和贷款的捆绑，牢牢控制企业的结算资金流，可以较好地保证银行信贷资金安全，提高银行的存款沉淀。

(3) 借助商业承兑汇票很难被非授信银行接受的天然优势，有效锁定买方向卖方交付票据的时候，封闭在银行系统内，防止了票源流失。

(4) 商业承兑汇票具有天然的排他性，银行对经销商签发商业承兑汇票，核心厂商收到商业承兑汇票，必须提交给银行，办理商业承兑汇票置换银行承兑汇票，或贴现，这样可以防止经销商签发银行承兑汇票不交付给银行，同时可以防止经销商挪用票据。

(5) 通过商业承兑汇票和贷款的捆绑，银行可以有效提高收益率。相对于直接对经销商提供商业承兑汇票，通过商业承兑汇票和贷款的捆绑，可以有效提高收益率。

【风险控制】

1. 信用风险

信用风险主要体现在银行、生产商（卖方）和经销商（买方）三个方面。

（1）生产商（卖方）风险主要体现在经销商（买方）的失信和销售不力。在商业承兑汇票到期后，银行提供短期贷款用于兑付商业承兑汇票，如果贷款到期后，买方不能及时归还，将使银行出现较大的风险，必须甄别生产商是否具有真正的代偿能力。

（2）经销商（买方）风险主要体现在保兑仓业务要求经销商能承担资金占用的风险和财务成本，并能够在最短的时间里实现变现，避免资金占用按时偿还银行承兑汇票面临的主要风险。

（3）信用方面的审查：包括对保兑仓业务涉及的买方、卖方两方面信用主体、交易背景真实性和产品标的严格审查，从而降低银行的信用风险。

2. 银行对有关主体的选择

（1）买方应重点考察其资信状况，资金实力和商品的销售状况，商品销售能力和存货回款速度等方面，应关注：

①符合银行关于法人客户授信的基本规定，企业法人营业执照、贷款卡、组织机构代码证书经最新年检，注册资金已经全额到位，依法从

事经营活动，并在银行开立结算账户。

②至少有一年以上经销同类商品的经验，是本地的区域总代理或一级代理商；与卖方有真实、正常和稳定的商品购销关系，并得到卖方的推荐或认可。

③商业承兑汇票用途为购买前述商品。

④考查其信誉是否优良，以往付款记录是否良好。

（2）卖方应重点审查其从事行业前景，商品的市场竞争能力，企业经营状况以及企业的资金实力，以往交易履约状况等，同时还应注意以下几点：

①符合银行对借款企业基本条件的要求。

②信用等级评定为A级（含）以上，年销售收入一般应不低于5亿元，企业信用等级需评定为AA级（含）以上，年销售收入一般应不低于20亿元。

③企业在过去两年里的销售合同履约记录良好，无因产品质量或交货期限等问题而与买方产生贸易纠纷。

（3）交易背景真实性：

①具有真实的基础交易背景，且交易行为合法。

②买卖双方已形成长期稳定的供应关系，交易行为能形成稳定连续的现金流。

③买卖双方以往及近期交易关系正常，无债权纠纷。

（4）产品标的审查：考查产品标的是否适合于作保兑仓业务。一般情况下，保兑仓业务涉及交易标的须具有如下特点：

①产品生产商须为国内知名企业，产品质量稳定，退货率及返修率低，原料供应和生产能力充足，年销售额较大，销售的商品须是适销对

路且为卖方的主营业务产品。

②产品投产时间五年以上，产品的生命周期较长，在可以预见的未来时期被替代或淘汰的可能性较小；产品不会发生物理、化学变化，如家电、金属材料、化工原料等。

③产品不存在权力限制，未设定抵、质押等担保，产品价格相对稳定。

【业务流程】

1. 银行为卖方和买方核定一定金额的授信额度，明确买方首次保证金比例，使用的授信品种为商业承兑汇票，明确卖方的退款授信额度。

2. 卖方和买方签订《商品购销协议》，约定结算方式为买方提供一定的预付款，卖方分批发货，银行和卖方、买方签订《保兑仓三方合作协议》。

3. 根据《商品购销协议》，买方签发以卖方为收款人的商业承兑汇票。

4. 根据《保兑仓三方合作协议》规定的条款，买方在银行存入一定保证金，并向银行提出提取货物的申请。

5. 银行向卖方签发《发货通知书》，通知卖方将等额货物发至买方。

6. 根据《保兑仓三方合作协议》规定，在商业承兑汇票到期前，买方提货金额不足商业承兑汇票金额，银行向卖方发出《退款通知书》。

7. 卖方收到《退款通知书》后，核对台账，办理退款，卖方将退款汇入银行指定账户。

8. 银行扣收退款兑付商业承兑汇票。

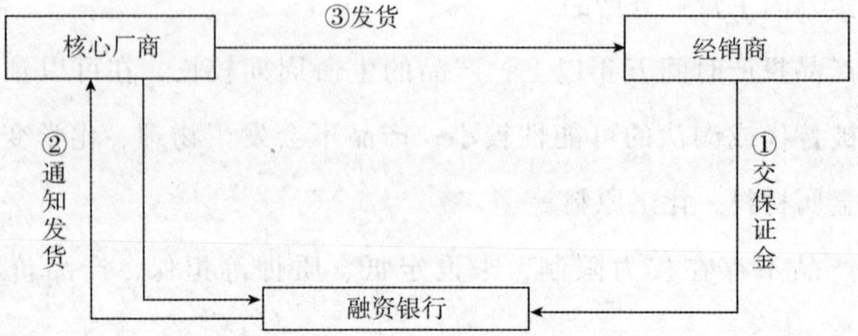

图 2－16　三方保兑仓流程

【产品特点】

1. 保兑仓适用商业模式必须具备：销售体系采取经销商模式，产品质量稳定（不易发生化学变化），属于大宗货物、易变现、产值相对较高、流通性强的商品。在销售上采取经销商制销售体系，如家电、石油、汽车、电脑、轮胎、纸张、手机、烟草等。

2. 卖方经营管理规范、销售规模较大，回购担保能力较强，属于行业的排头兵企业，在银行能够核定回购担保额度。

3. 买卖双方在过去两年里合同履约记录良好，没有因为产品质量或交货期限等问题产生贸易纠纷。

【所需资料】

1. 厂商所有的常规授信资料。

2. 经销商所有的常规授信资料。

3. 交易合同资料、货物物权凭证等。

【营销建议】

1. 在保兑仓模式下，卖方获益较多，对经销商提供更多的价格折扣是保证经销商有动力参与保兑仓操作的关键，否则经销商更倾向于有多少钱提多少货。

2. 本产品适用对象特点：厂商实力较强，而经销商实力一般，厂商有能力牢牢控制商品的销售渠道，在经销商之间进行商品调剂销售的能力非常强。

3. 可以考虑对特大型的核心厂商提供一个虚拟授信额度，利用这些公司的公开资料进行授信核定，便利经营机构拓展这些钢厂的经销商；而不必像传统授信，一定要这些客户提出申请，拿到全套的授信资料才进行授信操作。

4. 切记：保兑仓项下的买方一定是流通企业，而不是制造类企业或终端使用者。物流企业有着大量的现金流和票据流，对银行而言，具有十分重要的商机。

这些流通企业具有几个鲜明的特点：一是现金流量大，流速周转快；二是票据量大，可以使用商业承兑汇票采购；三是缺乏抵押担保手段，单独授信困难。这些企业最大的需求是能以货物作抵押，开立银行承兑汇票，稳定货物的储备和供应。而现金流量巨大则是银行拓展这些企业的最好回报。

【案例 2－10】

湖南降冷股份有限公司保兑仓融资

一、企业概况

湖南降冷股份有限公司主要产品是各种线材以及各类特殊用途钢，年生产线材能力 320 万吨，是国内最大的线材生产基地，属于特大型钢铁制造集团，公司注册资本 90 亿元，年销售额超过 360 亿元，净利润 17.9 亿元，全年主要产品产量：铁 425.6 万吨，钢 515.7 万吨，材 381.6 万吨。公司财务状况、资信状况良好，负债合理。公司为了争夺内蒙古市场，准备对经销商进行融资支持。公司董事会形成决议：授权总经理在季度末担保额金额不超3亿元的前提下，根据公司营销活动及市场情况，对13家经销商提供担保融资支持。

长沙金属材料有限公司是湖南降冷股份有限公司最大的经销商，公司注册资本为1000万元，总资产3.1亿元，年销售额近10亿元。

二、银行切入点分析

若只考虑长沙金属材料有限公司自身情况，银行不可能提供授信。而湖南降冷股份有限公司经营状况较好，属于银行争夺的优质大户，银行可以借助湖南降冷股份有限公司的担保对长沙金属材料有限公司提供一定的授信。在了解到湖南降冷股份有限公司可以提供保兑仓回购担保后，某银行为长沙金属材料有限公司核定授信额度。

通过银行在保兑仓项下授信额度核定，银行为长沙金属材料有限公司核定商业承兑汇票额度，用于向湖南降冷股份有限公司的钢铁订货采购。湖南降冷股份有限公司提前收到货款，便于安排生产，并将收到货款用于归还贷款等。

三、银企合作情况

业务流程：

1. 长沙金属材料有限公司与湖南降冷股份有限公司签订《钢材采购合同》，约定采取保兑仓的方式进行交易。

2. 长沙金属材料有限公司向银行递交授信申请，并联系湖南降冷股份有限公司配合银行调查两家公司的财务资料，银行为湖南降冷股份有限公司核定担保额度，为长沙金属材料有限公司核定商业承兑汇票额度。

银行为长沙金属材料有限公司核定1000万元的授信额度，明确首次保证金比例30%。

湖南降冷股份有限公司、长沙金属材料有限公司、银行签订《三方合作协议》。

根据单笔交易合同，长沙金属材料有限公司签发以湖南降冷股份有限公司为收款人的商业承兑汇票。

3. 长沙金属材料有限公司缴存保证金，银行将保证金存为3个月定期存款，为客户获得一定理财收益。

4. 银行向湖南降冷股份有限公司发出《发货通知书》，通知向长沙金属材料有限公司发放等额货物。

5. 根据《三方合作协议》规定，在商业承兑汇票到期前，长沙金属材料有限公司提货金额不足商业承兑汇票金额，湖南降冷股份有限公司回购货物，将回购款汇入银行指定账户。

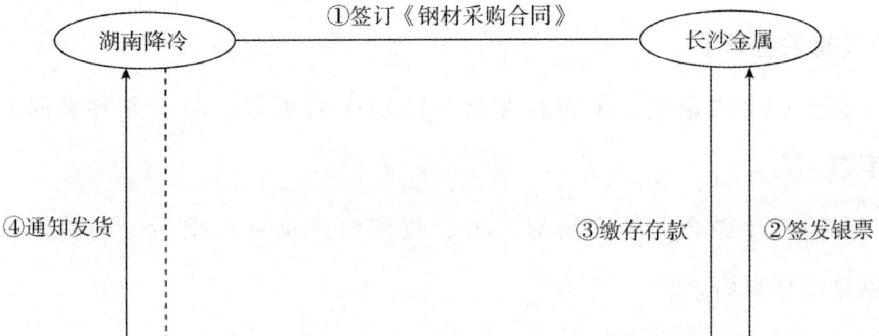

图2-17 保兑仓流程

【小提示】

该如何经营票据业务?

票据业务操作基本思路：主动经营、减少持有、加速周转、交易获利。实施零信贷资源占用的利润增长模式，从“持票生息”到“交易获利”，实现票据业务多元化的盈利增长格局。

十四、小微企业商业承兑汇票融资

【产品定义】

“小微企业商业承兑汇票融资”是指在小微企业在商务交易中作为买方，基于真实的商品贸易交易付款，签发商业承兑汇票付款，银行或贷款公司对卖方提供保贴或保押服务的一种特定融资服务模式。

【有关主体】

买方：小微企业。作为商务交易活动中的买方，向卖方签发商业承兑汇票。

卖方：小微企业的交易对手方，收到商业承兑汇票后，向其提供商业承兑汇票融资。

这种融资方式，适用于卖方相对较为弱势，银行营销买方使用商业承兑汇票付款。

【产品优势】

1. 对买方益处

(1) 通过使用商业承兑汇票，可以给小微企业提供非常便利的融资，可以最大限度降低融资成本，减轻资金压力。但对于单纯提供贷款，成本大幅下降。

（2）不反映在小微企业的贷款卡中，为小微企业的进一步贷融资提供余地。

2. 对卖方益处

通过接受商业承兑汇票付款条件，可以有效地扶持销售渠道，巩固、培育自身的销售渠道。

3. 对银行或贷款公司益处

可以实现借助小微企业进行供应链营销。该商业承兑汇票针对整个产业链条，由于商业承兑汇票可以封闭使用，银行可以借助商业承兑汇票营销小微企业的供应商，有利于银行进行深度拓展。

如果小微企业使用银行承兑汇票，银行很难营销小微企业的供应商，小微企业的供应商可以持银行承兑汇票向任何一家银行办理贴现，银行将会对小微企业的整个产业链失控。所以说，营销企业最重要的就是控制住这个企业，控制住这个企业的付款和资金流动，控制住这个企业使用授信的方式，只要能够控制住企业，就可以有效控制风险。

【风险控制】

1. 对小微企业核定授信额度

银行或贷款公司首先通过抵押和担保等方式给小微企业核定授信额度，有授信额度是小微企业可以使用商业承兑汇票的前提，在额度内，银行或贷款公司对小微企业签发的商业承兑汇票提供融资服务。

如果商业承兑汇票到期后，小微企业不能及时归还，将使银行或贷款公司出现较大的风险，因此必须甄别小微企业是否具有真正的代偿能力。

2. 商业承兑汇票必须基于真实的贸易背景

银行或贷款公司必须前期严格考察小微企业对应的交易贸易背景真实性，只有真实的商品交易，才可以真正地控制商业承兑汇票融资风险。

【业务流程】

1. 银行或贷款公司为小微企业核定一定金额的授信额度，明确买方首次保证金比例，使用的授信品种为商业承兑汇票。

2. 小微企业向银行或贷款公司缴存保证金，签发商业承兑汇票给卖方。

3. 卖方持商业承兑汇票向银行或贷款公司申请贴现或质押贷款。

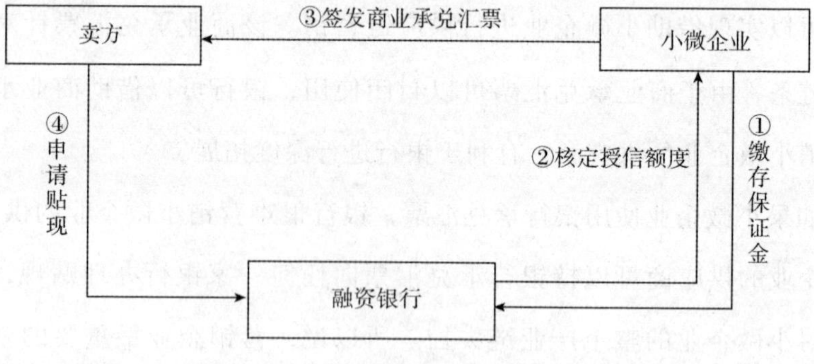

图 2-18 小微企业使用商业承兑汇票流程图

【产品特点】

1. 小微企业适用商业模式必须具备：小微企业本身现金流周转速度较快，在签发商业承兑汇票的期限内，经营现金流可以周转回来，用于封闭商业承兑汇票。

2. 卖方属于较为弱势的供应商，能够接受商业承兑汇票付款条件。

【营销建议】

1. 小微企业使用商业承兑汇票，需要银行引导其去使用。对小微企业营销：使用商业承兑汇票提款速度快、成本低，同样可以完成商务交易支付，这是保证小微企业愿意使用商业承兑汇票的前提。

2. 使用商业承兑汇票的小微企业：最好是流通企业，而不是制造类企业。流通类企业有着大量的现金流，周转速度极快，对银行而言，非常适合使用商业承兑汇票。

这些流通企业具有几个鲜明的特点：一是现金流量大，流速周转快；二是票据量大，可以使用商业承兑汇票采购。

【案例2－11】

天津湖田乳品经销有限公司商票融资

一、企业概况

天津湖田乳品经销有限公司主要经销蒙牛、伊利等公司的乳制品，公司注册资本90万元，年销售额超过860万元，净利润17.9万元。公司财务状况、资信状况良好，负债合理。公司有自有冷库，已经办理产权证，价值超过200万元。

天津湖田乳品经销有限公司从天津蒙牛批发有限公司购进乳制品，为现款现结模式。

二、银行切入点分析

银行为天津湖田乳品经销有限公司提供房产抵押授信，核定授信额度120万元，但是，银行贷款规模非常紧张，而且贷款利率高达基准上浮100%，企业提款动力也不足，所以，已经办理抵押，但是企业一直没有提款。

银行积极营销天津湖田乳品经销有限公司使用商业承兑汇票，经过天津湖田乳品经销有限公司说服天津蒙牛批发有限公司，该公司接受商业承兑汇票付款条件。银行同步营销天津蒙牛批发有限公司，天津蒙牛批发有限公司非常熟悉票据业务，该公司可以向内蒙古蒙牛集团支付银行承兑汇票。

三、银行授信方案

银行要求天津湖田乳品经销有限公司缴存30万元保证金，为天津湖田乳品经销有限公司办理150万元的商业承兑汇票，银行对天津蒙牛批发有限公司办理商业承兑汇票保押服务。

天津蒙牛批发有限公司持150万元商业承兑汇票，另外再缴存50万元保证金，银行为其换开200万元的银行承兑汇票。

【小提示】

很多银行人有一种偏见，似乎除大企业外，小微企业不能够使用商业承兑汇票，其实，这种想法是错误的。商业承兑汇票是一种用信工具，只要银行对企业核定了授信额度，再小的企业，哪怕就是仅仅核定有10万元授信额度的企业，也可以使用商业承兑汇票支付，而且收款人也会接受，因为，银行提供了商业承兑汇票保贴服务。

十五、商业承兑汇票过桥融资+短期融资券

【产品定义】

“商业承兑汇票过桥融资+短期融资券”是指在银行为授信企业核定授信额度，并落实可以发行短期融资券或中期票据的情况下，银行首先为授信企业办理商业承兑汇票，用于企业的对外支付，在短期融资券或中期票据资金到位后，以其兑付商业承兑汇票的一种组合融资业务。

【产品优势】

1. 对企业益处

可以大幅降低企业的融资成本。由于商业承兑汇票本身成本极低，而通过短期融资券或中期票据这两个工具的对接，可以给企业带来极长期限的融资，使其成本大幅下降。

2. 对银行益处

（1）可以帮助银行极大拓展有效客户群体，提升银行收益。银行办理短期融资券和中期票据，可以获得一定的手续费收入，并且通过办理商业承兑汇票，可以获得可观的贴现利息，综合收入极高。

（2）提高银行的竞争力。通过商业承兑汇票与短期融资券等工具的组合运用，可以有效提高银行产品的竞争力。

十六、商业承兑汇票过桥融资

【产品定义】

“商业承兑汇票过桥融资”是在母公司提供强力担保的情况下，对于项目公司的授信，由项目公司签发商业承兑汇票完成用款行为，在后续母公司投资款到位情况下，以母公司投资款用于商业承兑汇票解付的一种组合业务。

【适用客户】

特大型中央企业投资的项目公司，例如大唐集团投资设立的电厂、中国石油天然气有限公司设立的石化项目等。母公司的投资款分期到位，可以采取由项目公司首先签发商业承兑汇票对外支付，然后以母公司的到位投资款解付商业承兑汇票。

【业务流程】

1. 银行为项目公司核定授信额度，由母公司提供担保。

2. 项目公司签发商业承兑汇票，持票人持商业承兑汇票办理贴现。

3. 母公司投资款在6个月内到位，以投资到位款解付商业承兑汇票。

【案例2-12】云南分公司首笔千万元商业承兑汇票成功签发①

2010年8月12日，中国大唐集团公司云南分公司下属的宾川公司于所在地的建行大理支行，成功签发了第一笔为期6个月的1000万元商业承兑汇票。此举标志着云南分公司在资金运作上迈出新步子，这对于改善融资环境、拓展盈利空间、降低财务成本，将起到积极的推进作用。

作为企业经营管理的主要职能部门，云南分公司财务经营部恪守“管家”职能，通过对上年度经营情况的认真盘点和科学分析，提出了在分公司系统开展发行商业承兑汇票工作的新思路，并要求下属单位将之作为2010年财务工作的重中之重加以落实。

随着集团公司“双增双节、盈利攻坚”活动的全面展开，财务部在牵头进行分公司活动方案、行动计划、行动措施制定及其目标任务分解等系列工作的同时，要求各单位主动出击、各个击破，进一步抓紧办理商业承兑汇票的推进工作。

2010年3月初以来，分公司财务部主任王海平多次进行指导协调，并决定以初具条件的宾川公司为突破口，全面推进各单位办理商业承兑汇票的整体工作。在近5个月的时间里，宾川公司总经理张靖峰帅员出征，与分公司一道，经过反反复复的友好协商，以集团公司的实力背景、

① 资料来源：http：//www. cdt-yn. com/jsjy/NewsContent. jsp？LID=156&infoid=1000002707.

企业的发展前景和一以贯之的诚信，使建设银行做出了同意以公司基建贷款为保证发行商业承兑汇票的决定；以三方之间的来回奔波、权责利益以及责任的共同认可，逐步消除了宾川公司铁川桥电站建设总承包方的各种顾虑。7月底，大唐宾川公司、中国建设银行、中南勘探设计院三方终于达成合作协议。8月10日，宾川公司成功签发了第一笔商业承兑汇票。

据云南分公司财务部负责人介绍，对于宾川公司以及整个分公司来说，首笔商业承兑汇票的成功签发，一是有利于降低企业成本，仅此次的1000万元汇票，宾川公司即可节约成本2.43万元；二是有利于改善融资环境，推广使用商业承兑汇票，可以丰富企业支付手段、协调企业产供销关系；三是能够解决资本金（集团资本金到位）与银行放贷之间的矛盾，为项目公司流动资金提供保障；四是可以增加企业融资手段的多样性，保证资金需求和项目建设工程进度。

据云南分公司分管领导介绍，宾川公司率先实现商业承兑汇票成功发行，既体现了财务部门和广大财务人员的探索创新意识，也体现出了分公司干部员工在“双增双节、盈利攻坚”活动中的真抓实干精神。

十七、特殊票据操作（高速公路公司使用商业承兑汇票案例）

1. 在工程款支付中使用商业承兑汇票是最近出现的现象。在工程劳务结算中，往往单笔票据金额小、期限长、频次多，收票企业普遍议价能力较差，是银行可以争取的高收益票据客户群体。但是这些客户往往贴现手续不全，如缺少贷款卡、不能开户等，需要银行协助客户完善手续。

2. 大企业签发的商业承兑汇票一定要拿回来，争取办理贴现，因为大企业签发的商业承兑汇票风险小得多，而且贴现相对于贷款操作容易得多。

【点评】

全国高速公路建设中类似情况很多，普遍存在着高速公路有限公司下设路段指挥部，代理行使管理职能的情况，该方案是作为对优质客户提供票据贴现业务差异化服务的一种尝试。

1. 注释：根据《人民币银行结算账户管理办法》及《人民币银行结算账户管理办法实施细则》相关规定，建筑安装公司项目经理部因办理临时经营活动，需要开立银行账户时，应经人民银行批准后开立临时存款账户，办理临时经营活动发生的资金收付。银行承兑汇票是一种结算工具，项目经理部当然可以作为汇票收款人。

2. 操作细节：

（1）由高速公路有限公司提供各路段项目经理部名称资料。

（2）由中标工程承包公司提供该路段项目经理部为其下属单位的文件。

（3）由中标工程承包公司提供各路段施工协议；由中标公司对项目经理部出具授权书，内容包括：项目经理部使用中标公司所有法律文本资料在银行开立账户，户名为该路段项目经理部；同意使用项目经理部的公章、财务专用章和项目经理名章作为该账户预留印鉴章。

（4）项目经理部使用预留印鉴章在银行办理高速公路有限公司签发商业承兑汇票贴现业务。

【案例 2-13】

苏州工程建设项目商票贴现业务

一、企业概况

苏州高速公路公司为特大型国有企业，公司总资产 147 亿元，主营业务收入 54 亿元，净利润 1 亿元。每年需要支付金额较大的工程款，公司信誉良好，资金运作能力较强，是各家银行的黄金客户，在各家银行有较多闲置额度。某国有商业银行属于新进入者，虽然签订合作意向协议，但是苏州高速公路公司很少提款。苏州高速公路公司提出，希望银行能够协助其降低财务费用。

二、银行切入点分析

银行经过分析发现，企业主要资金来源是银行贷款融资；主要资金用途包括工程款、物资采购、人员开支、水电费、到期银行贷款及利息等。人员开支、水电费、到期银行贷款利息属于特定支出，以现金支付基本不可改变。其中，工程承包款项、劳务款项为公司支出大头，供应商及工程承包商对于收款方式没有严格要求，只是希望能够尽快拿到现金，并且这些客户有较强的价格承受能力。银行进一步分析认为，该公司每年有大量的通行费收入及上级部门划拨的养路费，因此，主业现金流较为稳定，公司具备较强的解付票据能力。银行设计如下方案：

1. 商业承兑汇票支付工程款方案。通过票据可以将部分财务费用转嫁给供应商、工程承包公司。经过认真分析，某银行认为，针对工程建设劳务项目交易，可以使用票据作为结算工具，工程承包公司项目经理部可以办理贴现。

2. 授信额度授权使用。苏州高速公路公司作为授信主体，可以授权其内设部门——苏州高速公路公司工程建设指挥部与银行签署具体《商业承兑汇票保贴协议》。

3. 商业承兑汇票背书使用项目经理部自身预留印鉴;《贴现凭证》、《贴现协议》使用工程承包公司项目经理部公章、预留印鉴;使用中标公司贷款卡录入贴现信息。

三、银企合作情况

苏州高速公路公司欣然接受该银行设计的金融服务方案。苏州高速公路公司运作模式如下:成立杭州高速公路工程建设指挥部,由指挥部负责对外签署工程劳务合同,及对外采购工程材料(如路灯、隔离障等)。苏州高速公路公司指定由指挥部作为银行承兑汇票的出票人,苏州高速公路公司授权杭州高速公路工程建设指挥部使用其在银行的授信额度并提供相应的担保。工程公司项目经理部在办理贴现业务时,提供根据税收制度有关规定出具的发票。杭州高速公路工程建设指挥部在某国有银行分行签发 10 亿元的商业承兑汇票,并全部在该行办理贴现。

第三部分

以商业承兑汇票为核心的综合授信方案案例

【案例3-1】

河北天地彩铝有限公司商票供应链融资授信调查报告

一、企业概况

（一）基本情况

企业全称	河北天地彩铝有限公司			归属集团			
注册资本	10000万元	成立时间	2008年7月21日				
注册地址	石家庄市站街镇老城工业区						

主营业务：生产彩铝板，经销建筑材料、铝及铝制品；从事货物和技术进出口业务。

经营规模：该企业占地面积60000平方米，现有职工420人。设计年生产能力13万吨，涂装铝卷生产线3条，其中年产10000吨1条，年产15000吨2条，年产60000吨冷轧1条，每条年产10000吨铸轧生产线3条，在建冷精轧生产线1条，年产60000吨。

经营区域：公司是长江以北最大的彩涂铝卷生产企业之一，占有一定的区域优势，产品主要销售地为山东、上海、浙江等地。同时，依托石家庄现有的铝板带销售网络平台，积极拓展国际市场，通过进出口贸易公司与以色列、印度等国家签订了供销合同。

(二) 经营情况

行业状况	**行业现状：**该公司按行业分类属于金属表面处理及热处理加工业，不属于国家限制类行业。该公司产品具有良好的可塑性和机械加工性能，是理想的建筑造型材料，在电子电器、仪表、灯饰、包装、家装等众多领域也得到认可应用，用途范围比较广，受宏观经济影响不大。根据了解，全国具备一定生产规模的同类企业有 11 家，该公司设计年生产能力 13 万吨，涂装铝卷生产线 3 条，其中年产 10000 吨 1 条，年产 15000 吨 2 条，年产 60000 吨冷轧 1 条，每条年产 10000 吨铸轧生产线 3 条，在建冷精轧生产线 1 条，年产 60000 吨。 该公司运营模式能够有效规避市场经营风险。销售范围已辐射到全国各地，有稳定的长期合作的单位，几家较大的销售商能长期、大量地发出订单，在下游用户中有稳定可靠的销售网络，经营情况良好，结算方式为现款 30%，承兑 50%，应收账款 20%，资金周转较好，能及时付清货。 该公司产品以辊涂彩铝、辊涂天花和辊花纹板为主，采用国外优质生产原料，可生产厚度为 0.10 ~ 1.5 毫米，宽度为 1600 毫米的涂装铝板，选用德国汉高公司的优质化工原料及技术对其表面进行合成处理，在铝卷表面形成结构致密的蜂巢状氧化膜，使涂料牢固地附着于铝板表面；是各类建筑造型的理想材料，建筑方面适用于：铝塑板、铝蜂窝、屋顶浪板、防火贴面墙、百叶窗、卷帘门、车库门等；该产品在电子电器、仪表、灯饰、包装、家装等众多领域得到广泛应用。 行业竞争对手主要有常州丽岛彩铝、广州力同。其中，常州丽岛彩铝建厂时间长，在同行业中有一定的知名度，市场相对稳定；广州力同在国内发展较早，规模最大，有稳定的国内外客户群。 **市场前景：** 1. 区域和成本优势。该行业原材料主要为铝板，原材料供应充足，运输便利，成本相对较低，销售网络可借用现有的铝板带销售网络。 2. 该公司铝板涂装生产线，填补了河北省涂铝加工的一项空白，深受地方政府支持。 3. 在生产工艺方面采用国际先进技术“高科技氟碳纳米涂装工艺”，产品质量稳定可靠。 从国内的情况看，中国虽然是一个石油大国，还有一定的发展潜力；但同时中国油气资源相对贫乏，按每平方千米国土面积的资源量、累计探明可采储量、剩余可采储量和产量值来看，我国都明显低于世界平均水平，我国的陆上石油和天然气资源经过近半个世纪的开采，许多油气田已经处于中晚期，油气田的勘探和开发难度加大。

续表

行业状况	在我国石油总探明储量中，低渗透油气田和稠油油藏所占的比重达50%以上。此类油藏的自然生产能力差，开采技术难度大，成本高。因此，提高这种油气资源的采收速度及采收率，使其能有效地进行工业性开发利用，对我国的石油安全问题将有重大影响。 压裂技术是改造油气田的重要手段，它是利用人工方法把流体注入岩石基层，以超过地层破裂强度的压力，使井筒周围岩层产生裂缝，形成一个具有高导流能力的通道。为保持压裂后形成的裂缝开启，油气产物能顺畅通过，注入颗粒状的支撑剂是重要措施之一，因此，研制高性能的支撑剂对油气开采有着重要的意义。 4. 在市场方面，该公司是长江以北最大的彩涂铝卷生产企业之一，有一定的区域优势；同时借用石家庄现有的铝板带销售网络平台，积极拓展国际市场，与以色列、印度等国家签订了供销合同。 **主要风险：** 1. 由于金属价格不稳定对企业的盈利能力测算不准确。 2. 企业土地审批手续仍然是限制企业发展的瓶颈。 3. 行业竞争激烈，产品价格受到冲击，盈利能力降低。 4. 上游企业较为强势，供货大多采用现金结算，加大了企业融资成本。
产品	**经营范围：**该公司主要生产彩铝板，经销建筑材料、铝及铝制品；从事货物和技术进出口业务。其产品为厚度为0.10～1.5毫米，宽度为1600毫米的涂装铝板。 **成本构成：** 2013年总生产成本103166万元。其中：原材料95524万元，占总成本的96%；人工工资1536万元，占总成本的1.6%；电费1380万元，占总成本的1.4%；制造费用996万元，占总成本的1%。 由此可以看出：一旦未来原材料价格出现大幅度上涨，很可能使公司生产经营成本大幅增加，进而严重影响公司的盈利情况。另外，该产品对材料依存度较高，石家庄市又是国内较大的铝产品加工基地，有丰富的铝矿资源，可以充分保障企业原材料供应。 **利润率：**2012年该公司实现利润总额2502万元，毛利率9%；2012年该公司实现利润总额5302万元，毛利率9%，该企业盈利水平相对稳定。 **销售模式：**订单销售、网络销售。

续表

成长性	**技术**：随着企业的不断发展，行业竞争日益激烈，河北天地彩铝有限公司开始重视产品创新、技术研发方面的投入。企业将成立技术研发部门，引进大学生人才。加大科技投入力度。提高产品科技含量，增加市场占有份额。 **市场**：2014 年预计销售收入达 20 亿元。

1. 上游部分客户情况

单位：万元

上游客户名称	供应产品	合作年限	结算方式	平均应付账期	区域	近 6 个月平均应付账款额
石家庄市燃气有限公司	天然气	5 年	转付	1～2 个月	石家庄市	42
石家庄市隆泉纸制品厂	包装材料	4 年	转付	1～2 个月	石家庄市	37
石家庄祥云包装材料有限公司	包装材料	5 年	转付	1～2 个月	石家庄市	75
上海久尊涂料有限公司	涂料	3 年	转付	1～2 个月	上海	44
PPG 涂料有限公司	涂料	4 年	转付	1～2 个月	天津	49
山西兆丰物资经销有限公司	铝锭	4 年	电汇、银承	1～2 个月	山西	276
河北铝业有限公司	铸轧卷	5 年	现款		石家庄市	现款交易

2. 下游部分客户情况

单位：万元

下游客户名称	销售产品	合作年限	结算方式	上年交易额	上年应付账款	平均账期
河北有色金属进出口有限公司	彩铝板	3 年	银承电汇	14320	174	1～2 个月

续表

下游客户名称	销售产品	合作年限	结算方式	上年交易额	上年应付账款	平均账期
浙江特新型材料有限公司	彩铝板	2 年	银承电汇	6932	139	1 ~2 个月
常州市云海制冷设备有限公司	彩铝板	2 年	银承电汇	15678	254	1 ~2 个月
北京奥特建材有限公司	彩铝板	3 年	银承电汇	8456	68	1 ~2 个月
联合金属有限公司	彩铝板	4 年	银承电汇	6971	19	1 ~2 个月

（三）核心企业财务情况

单位：万元

年度		2011	2012	2013	2014	评论
资产、负债和所有者权益	总资产	23226	42199	63301	73152	资产规模快速增长，固定资产占 30%，主要资产集中在流动资产中，其中应收账款占总资产 0.6%。资产负债率 64% 左右，在同行业中处于较好水平，整体资产情况良好
	其中：货币资金	6193	10696	15896	21760	
	应收账款	1116	1875	2893	3328	
	预付账款	1298	3659	2156	2656	
	其他应收款	229	464	541	447	
	存货	4228	10400	10786	10336	
	流动资产	13570	27693	33521	43191	
	长期投资	0	0	538	538	
	固定资产	7785	10467	22367	21971	
	总负债	14128	24940	38140	47044	
	其中：流动负债	14128	24940	38140	47044	
	短期借款	6850	9000	17000	20000	
	长期借款	0	0	0	0	
	应付票据	48750	14500	20100	26100	

续表

年度		2011	2012	2013	2014	评论
资产、负债和所有者权益	应付账款	650	971	828	733	
	其他应付款	402	5	0	20	
	所有者权益	9098	17259	25161	26108	
盈利能力	销售收入	16115	50166	112483	10117	企业销售收入2013年前稳定增长，因企业新增生产线一条，为企业未来销售增长奠定了基础，预计2014年销售额达到20亿元
	销售增长率	4.3%	210%	124%	—	
	销售毛利润率	14%	9%	8%	8%	
	营业利润率	9%	5%	5%	5%	
	利润总额	1518	2520	5302	947	
	净利润	1318	2160	4902	947	
营运能力	应收账款周转天数	19	11	7.7		应收账款周转天数逐渐下降，表现出企业应收账款周转能力加强；存货周转率基本正常，表现出企业销售能力较强；应付账款周转天数逐渐减少，说明企业对上游议价能力减弱，但付款能力较强。整体经营能力较好
	存货周转天数	4	58	36		
	应付账款周转天数	27	6	3.1		
	一般经营循环周期					
现金流量	经营活动净现金流	2014	1702	4956		公司整体经营规划是扩大销售，快速扩张市场规模。总体现金流情况正常
	投资活动净现金流	-3351	-4391	-5736		
	筹资活动净现金流	6438	7191	5980		

续表

年度		2011	2012	2013	2014	评论
偿债能力	流动比	96%	111%	80%	92%	资产流动性较好，资产负债率为 60%，基本符合该行业规定。流动负债中银行借款 20000 万元，占比 43%，企业刚性负债较多；应付账款 733 万元，占比 2%，预收账款 2656 万元，占销售收入 13%，而应收账款占销售收入 2%，表明企业销售回款率较快。通过分析该企业偿债能力较强
	速动比	66%	69%	60%	70%	
	资产负债率	61%	59%	60%	64%	
	利息保障倍数	447	332	347	283	
	或有负债	—	—	—		
	自有资金比例					

二、开发方案

（一）整体授信方案

综合授信						
额度类型		公开授信额度		授信方式	综合授信	
授信额度（万元）		8000		期限（月）	12	
授信品种	币种	金额（万元）	保证金比例（%）	期限（月）	利/费率	是否循环	串用说明
流动资金贷款	人民币	5000	0	12	按我社规定执行	否	按我社规定可串用
授信总敞口（万元）							
新增或追加授信							
额度类型		公开授信额度		授信方式	综合授信额度		
授信额度（万元）		3000		期限（月）	12		

续表

新增或追加授信							
额度类型		公开授信额度		授信方式		综合授信额度	
授信品种	币种	金额（万元）	保证金比例（%）	期限（月）	利/费率	是否循环	串用说明
商换银	人民币	2000	50	3		是	按银行规定可串用
商业承兑承兑汇票保贴/保押	人民币	1000	50	6		是	按银行规定可串用
担保方式连带责任担保，河北博特有限公司担保授信总敞口 3000 万元							

（二）额度测算

根据该企业 2013 年度财务报表显示资产负债率 60%，按综合授信后负债率最高不超过 70%，测算天地彩铝授信总额度为 1 亿元，其在信用社已用信 5000 万元流动资金贷款，综合考虑企业整体实力及担保企业实力情况，确定追加商业承兑汇票授信额度 3000 万元。

（三）供应商授信额度切分

单位：万元

供应商名称	切分授信金额	授信期限	出账品种	风险缓释方式	实际控制人加保
河北金马铝业有限公司	3000	12 个月	银行承兑汇票 流动资金贷款	商票保贴或保押	
其他补充意见					

（四）综合收益分析

第一次用信金额1000万元：即缴纳50%保证金500万元，签发商业承兑汇票1500万元，商业承兑汇票质押发放流动资金贷款1350万元，期限9个月，质押率为90%，执行贷款利率基准利率上浮30%即为7.8%。

第二次用信金额2000万元：即缴纳50%保证金1000万元，签发商业承兑汇票3000万元，期限3个月，商业承兑汇票换开银行承兑汇票，期限为6个月。上游客户持银行承兑汇票到信用社商换银。银行承兑汇票按票面金额缴纳50%保证金即3000万元，存贷比1:1，取得保证金存款共计4000万元，即1000万元3个月+3000万元6个月。

（五）担保单位分析

本次新增授信3000万元由河北博特有限公司作担保。担保企业情况如下：

1. 担保企业基本情况

企业名称：河北博特金属制品有限公司

成立时间：2009年3月3日

地址：石家庄市焦湾村

注册资本：5900万元（实收资本）

该单位占地105亩，厂房建筑面积2万平方米，办公楼建筑面积4600平方米，现有职工360名，其中高级管理人员22人。该单位主要生产橡胶软管增强用钢丝、黄铜钢丝、切断钢丝、民用钢丝、镀黄铜钢丝绳。

该单位营业执照，在石家庄市工商行政管理局有注册，主体资格合规、合法、有效，具有承担民事责任的能力。

2. 客户经营范围

河北博特金属制品有限公司主营业务是，生产销售橡胶软管增强用钢丝、黄铜钢丝、切断钢丝、民用钢丝、镀黄铜钢丝绳等。产品技术含量高，国内首创。其高压胶管钢丝属技术密集型产品，符合《钢铁产业发展政策》。该产品主要用于工程机械、冶金、采矿、石油开采、航空、航天、汽车等，用途广泛，市场广阔，具有良好发展前景，需求旺盛。

该单位生产的高强度胶管钢丝产品项目立足于高起点建设，设备选择国际先进设备，主要技术人才为聘请的钢帘线、橡胶软管钢丝行业知名专家，销售团队、生产团队均由该行业专业技术人员构成。该单位产能为 4 万吨，预计 2013 年产能将达到 8 万吨。

该单位由于使用设备先进，技术含量高，产品强度级别较高，柔韧性大，排线好，尾线定尺好，质量稳定。市场上直径 0.3mm 以上的强度级别在 2750MPa 以上的产品生产量较小，不能满足市场新的需求，尤其是汽车、空调、涡轮增压用胶管，对钢丝的强度级别、柔韧性要求更高，该单位是国内唯一一家可以批量生产强度在 3050MPa 的橡胶软管增强用钢丝的企业，该产品能够符合市场新的需求。

随着科学技术的不断发展，国内外先进的钢丝编织机和钢丝缠绕机技术，为高性能的钢丝编制胶管和钢丝缠绕胶管逐步替代夹布管提供了技术支持。钢丝编制胶管和钢丝缠绕胶管的骨架材料高压胶管钢丝的市场需求不断扩大，国内外需求量达到 30 万吨以上，每年以 4%~5% 的速度增长，我国年产量为 8 万吨。另外，在国外市场上，增强用钢丝属劳动密集型产品，经济发达国家由于劳动力昂贵，不愿意扩大生产，并逐步转产或停产，橡胶软管增强用钢丝从自己生产逐渐转为进口。

3. 担保企业财务情况

单位：万元

年度		2011	2012	2013	2014	评论
资产和负债和所有者权益	总资产	23425	41143	53439	53186	
	其中：货币资金	517	3478	2503	1226	
	应收账款	3193	5449	10107	10714	
	预付账款	3318	1299	2610	2595	
	其他应收款	115	1264	1251	1311	
	存货	2832	3325	3953	5789	
	流动资产	10312	17730	23196	22311	
	长期投资	0	0	1200	1400	
资产和负债和所有者权益	固定资产	13113	23335	25529	25826	资产规模快速增长，固定资产占 49%，主要资产集中在流动资产中，其中应收账款占总资产 20%。资产负债率 59% 左右，在同行业中处于较好水平，整体资产情况良好
	总负债	14019	24440	8740	30618	
	其中：流动负债	7574	11940	23181	22653	
	短期借款	6750	13400	24300	23200	
	长期借款	6400	12500	8740	7900	
	应付票据	0	0	0	0	
	应付账款	857	420	629	1125	
	其他应付款	1318	148	93	177	
	所有者权益	9406	16703	21519	22568	
盈利能力	销售收入	18569	33643	56901	12039	企业销售收入 2013 年前稳定增长，企业经营正常，下游客户合作稳定，为企业未来销售增长奠定基础
	销售增长率	76%	81%	69%	—	
	销售毛利润率	18%	24%	21%	24%	
	营业利润率	11%	12%	11%	12%	
	利润总额	1943	3996	6126	1399	
	净利润	14757	2997	4595	1049	

续表

年度		2011	2012	2013	2014.3	评论
营运能力	应收账款周转天数	31	46	98		应收账款周转天数逐渐增加，表现出企业应收账款周转能力下降；存货周转率基本正常，表现出企业销售能力较强；应付账款周转天数逐渐减少，说明企业对上游议价能力减弱，但付款能力较强。整体经营能力较好
	存货周转天数	42	44	29		
	应付账款周转天数	16	9	4		
	一般经营循环周期					
现金流量	经营活动净现金流	1218	1702	2041		公司整体经营规划是扩大销售，快速扩张市场规模。总体现金流情况正常
	投资活动净现金流	－13435	－4391	－7666		
	筹资活动净现金流	10231	7191	4650		
偿债能力	流动比	136%	149%	100%	98%	资产流动性较好，资产负债率为59%，基本符合该行业规定。负债中银行借款31100万元，总负债额为30618万元，原因为预交税金2100万元；应付账款1125万元，占比4%；预收账款2595万元，占销售收入22%；而应收账款占销售收入89%。这表明企业销售回款率较慢。通过分析该企业代偿能力一般
	速动比	99%	121%	83%	73%	
	资产负债率	60%	59%	60%	58%	
	利息保障倍数	677	312	349	307	
	或有负债	—	—	—		
	自有资金比例					

4. 担保企业融资情况

经人民银行征信系统查询贷款卡信息显示，截至查询日该企业在金融机构贷款31100万元，对外担保43400万元，银行承兑22500万元，保证金比例50%，敞口部分为11250万元，票据贴现70万元。经信用社信贷管理系统查询，该企业在康店信用社贷款两笔金额4000万元，对外担保两笔金额2600万元。经核实该客户在金融机构贷款31100万元，对外担保15000万元。以上信息不符的原因为系统未及时更新所致。该单位的借款以及对外担保的借款均正常，没有不良信息。

三、上游客户河北铝业有限公司具体情况

调查事项	调查内容			
基本情况	企业名称	河北铝业有限公司		
	注册资本	480万元		
	注册地址	石家庄市芝田镇寨沟村		
	主营业务	生产、销售铝板、铝板带；销售铝锭、铝制品及其他有色金属制品		
经营状况	主要产品	铝板、铝板带	年销售额	41046万元
财务分析	截至2014年3月31日，河北铝业有限公司总资产达11330万元，其中流动资产为7920万元，固定资产为3360万元。总负债为3983万元，其中流动负债为3983万元。企业无短期借款及长期借款，所有者权益7347万元，其中实收资本为480万元，未分配利润为6324万元。资产负债率为35%。截至2014年3月，销售收入达7713万元、净利润为486万元。预计2014年12月末年销售为5亿元			

四、授信方案主要风险分析

主要风险	风险内容	防范措施
宏观经济风险	战争、自然灾害等对全球影响巨大的事件频发，综合当前世界经济面临的诸多问题，宏观经济仍有波动风险。全球经济的发展仍存在不确定性的风险。此外，部分欧洲国家的主权债务危机也在一定程度上影响着全球经济的进一步复苏。本类风险对各行各业都有巨大的影响，但房地产市场等影响较大，作为产业链条上的一环，存在一定的宏观经济波动风险	关注宏观经济波动风险，关注企业是否存在盲目扩张思路，关注企业是否保持充裕的资金流量，关注企业是否加强企业内部管理控制，提高经营能力，多方面多途径防范风险
政策风险	由于该企业为订单销售前期需要垫付大量资金，如遇国家信贷政策调整，融资会受到一定影响，供给方主要为大型装饰材料	多方关注并把握国家政策方向，尽量避免误入政策雷区。 申请人公司法人治理结构完善，管理队伍精良，各项制度完备严格，对此类风险的规避和承受能力较强
行业风险	公司及电器生产企业，需要市场主要为建材市场和电器销售市场，两者运行状态发生变化时，供求会受到直接影响	
授信主体风险	授信主体为申请人推荐的上游供销商，作为产业链的一环，上游与生产厂商的议价能力不强，加之为资金密集型企业，融资成本较高	作为授信主体的各经销商为申请人长年合作单位，由申请人推荐，银行制定准入标准，在银行开立监管账款，回款账款锁定，总体风险可控
成本风险	受国际市场价格波动及国内供求关系的影响，主要受铝价不稳定因素影响，利润空间受到同行业竞争的冲击，同时企业缺乏上游议价能力，存在一定风险	就公司现运营模式而言，因签订合同更多的为敞口合同，终端用户承担了原材料价格上升的风险，影响不大

五、具体操作流程

		流程描述	操作要点	负责人
操作流程	贷前调查	客户申请、资格审查、客户提交资料、材料初审、现场与非现场调查、撰写调查报告、综合授信、业务申报	证照有效期限、法人信用、实际经营状况、对外融资情况	客户经理
	贷中审查	审查与风险评价	存在的风险及防范措施	行长
	贷后管理	资金使用及回款情况、关注核心企业、担保企业、用信企业经营状况、撰写贷后跟踪检查报告	关注企业上下游及担保企业的情况变化	客户经理

六、结论

同意为河北天地彩铝有限公司综合授信额度8000万元，流动资金贷款额度为5000万元；分配给上游供应商使用商业承兑汇票保押/保贴额度为3000万元；出账品种为流动资金贷款及商票换开银承。授信项下各业务品种利率和费率按银行要求执行，具体业务操作按照联社相关文件规定执行。

【小提示】

客户经理一定要记住，在别人背后只说他的好话，如果你找不到什么好话说，那你就保持沉默。做一个本分克己、含蓄内敛的人，会受到每个客户的喜欢。

【案例 3 - 2】

安徽电器有限公司商票付款方案

一、企业概况

安徽电器有限公司，公司注册资本 1950 万元，注册股东分别为大地电器股份有限公司 90%、江苏商业管理有限公司 10%，在安徽拥有 58 家连锁店，员工 2000 多名。安徽电器有限公司 2011 年销售收入 7. 36 亿元，上缴税费 2000 余万元，荣获合肥市诚信纳税 A 级企业，现已发展成为安徽家电零售市场的领跑者。

二、银行切入点分析

1. 本次授信优势

借款人财务状况良好，发展势头良好，而且从政策方面符合银行授信政策，借款人本身实力和品牌价值较强，符合银行信贷政策投向。

2. 风险控制

本次授信风险主要集中在市场风险、行业风险及授信主体本身内控方面。

家电行业发展至今已成为微利行业，家电零售企业要获得高额利润必须通过规模效应降低成本，提高收益。随着家电连锁企业在我国遍地开花，对其内部自身管理提出了更高的要求，因此在外部扩张的同时，内部财务、人力、物流控制等环节能否与外部扩张相匹配，是家电连锁企业能否实现可持续发展的关键环节。

行业风险方面，我国家电行业由于单利较低，家电连锁主要通过薄利多销的方式扩大销售量保证收益，在市场上明显的表现就是网点的扩张速度大大加快，在市场消费总量提升幅度有限的情况下，零售连锁的高速度扩张无疑摊薄了单个网点的利润，如控制不利，很可能面临行业整合被收购的风险。

市场风险，由于我国家电零售企业大多存在向上游企业投资参股，实现对上游企业的控制降低自身成本。家电行业更新换代速度加快，产量大增，但家电本身属于耐用消费品，消费者对家电的需求短期内不会出现大幅度波动，产能的扩大和频繁的升级换代会使家电行业的边际收益降低。

针对以上风险，银行主要应采取以下措施防范风险：

（1）严格核实贸易背景的真实性，控制授信企业资金使用情况。

（2）密切监控企业对外投资情况，观察企业是否存在跨行业投资现象，避免风险。

（3）关注企业对品牌建设的投入情况。品牌建设是零售连锁企业的关键所在，是长期发展的基础，银行应对该公司品牌在市场影响力的变化予以关注。

（4）每月实地考察企业，分析财务情况。由于该企业资产周转速度极高，银行应注意企业现金流的变化趋势，加强贷后管理，降低风险。

3. 银行授信方案

借款人此次申请 14286 万元使用承兑汇票额度，敞口 10000 万元，30% 保证金，不可串用。纳入（额度集团）电器股份有限公司的额度集团内管理。借款人对上游付款基本采取预付账款、商业承兑汇票和货到挂账延长账期三种方式，其中预付账款占对上游结算比例为 50% 左右，商业承兑汇票占比为 22% 左右，贷到挂账占比为 20% 左右。

公司加大了使用承兑汇票的开具力度，从而进一步减少了预付账款支付结算的比例。

<table>
<tr><th colspan="7">授信方案</th></tr>
<tr><td>额度类型</td><td colspan="2">公开授信额度</td><td>授信方式</td><td colspan="3">综合授信额度</td></tr>
<tr><td>授信额度（万元）</td><td colspan="2">14286.00</td><td>授信期限（月）</td><td colspan="3">12</td></tr>
<tr><td>授信品种</td><td>币种</td><td>金额（万元）</td><td>保证金比例</td><td>期限（月）</td><td>利/费率</td><td>是否循环</td></tr>
<tr><td>商业承兑汇票</td><td>人民币</td><td>14286.00</td><td>30</td><td>12</td><td>按规定</td><td>是</td></tr>
<tr><td>贷款性质</td><td>新增</td><td colspan="2">本次授信敞口（万元）</td><td>10000.00</td><td>授信总敞口（万元）</td><td>10000.00</td></tr>
<tr><td>担保方式及内容</td><td colspan="6">信用</td></tr>
</table>

【小提示】

作为银行客户经理，做事情应始终对事而不对人。你要向客户表明，你是真心喜欢并愿意帮助他解决问题，要始终站在客户的利益角度来解释你的想法，解释你的授信方案。切记永远不要通过贬低同业银行来提高自己。

【案例 3-3】

北京园林园艺股份有限公司商票授信方案

一、企业概况

北京园林园艺股份有限公司是国内园林景观行业的大型企业，业务涵盖苗木种植、园林景观设计、工程施工和后期养护等产业链一体化服务，具有承接千万级及以上景观工程项目的能力，代表了在细分行业内高成长的公司。目前，公司已实现了景观设计和施工的一体化，业务覆盖范围遍及全国，是未来景观工程在中国发展能行之有效的商业模式。而在这个成长中的庞大市场，即景观工程仍于起步阶段，国内广大的二、三线城市的发展是行业走向繁荣的真正的市场助推器，只有率先上市融资才会使得公司具有较大的先发优势。

公司上下游客户及其主要结算方式

供应渠道分析			
	前三名供应商（按金额大小排名）	金额（万元）	占全部采购比率（%）
1	北京天地苗木有限公司	5546.68	6.1
2	北京大华有限公司	6897.77	7.2
3	天津花语有限公司	3564.22	3.3
销售渠道分析			
	前三名销售商（按金额大小排名）	金额（万元）	占全部销售比率（%）
1	大同市城市园林绿化管理服务有限公司	33584.97	20
2	湖南开发建设有限公司	8486.96	9
3	滨州基础设施有限公司	5826.42	6

二、银行授信方案

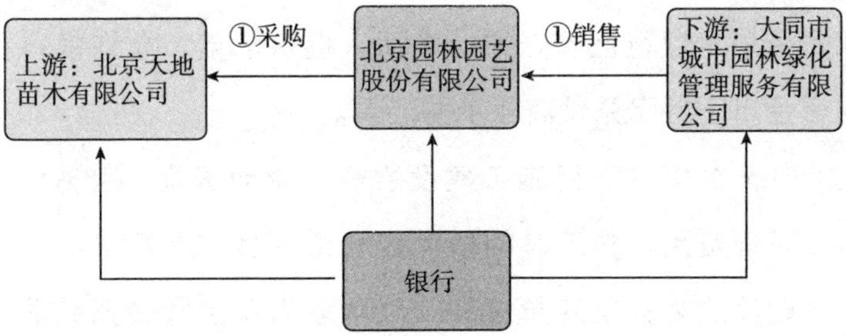

额度类型	内部授信额度		授信方式	单笔单批额度		
授信额度（万元）	50000.00		授信期限（月）	12		
授信品种	币种	金额（万元）	保证金比例（%）	期限（月）	利/费率	是否循环
商业承兑汇票+理财信用风险限额	人民币	50000.00		12	基准上浮15%	
贷款性质	新增	本次授信敞口（万元）		50000.00	授信总敞口（万元）	50000.00

公司利用其综合销售收入、工程回款一次性偿还银行贷款，同时公司法人提供连带责任保证担保。

（一）合作模式

该公司在银行使用9000万元流动资金贷款（并继续使用剩余额度提款），满足不了业务、项目不断扩张的需求，故在银行申请5亿元高信用资质机构直接融资额度；为了提高银行的收益，在发行信托计划前期，银行提前为该公司办理5亿元商业承兑汇票，商业承兑汇票用于支付前期的花木采购款等，以发行信托计划的资金兑付商业承兑汇票。

要求：信托公司在银行开立发行信托计划监管账户，承诺将发行信托的全部资金划入银行监管账户；申请人提供承诺，允许银行扣划发行信托计划资金用于封闭兑付商业承兑汇票。

用途为补充公司在项目施工建设所需的流动资金，包括设计费，采购原材料、设备费用，施工时的预付款和苗木养护费用等。因为对于大部分的园林建设的委托承建单位和工程队多为现金和转账结算，不易接受银承的结算方式。

（二）合作情况

银行在续作上述业务的同时，将深入开展保函、现金管理、高资质企业融资等业务，并争取客户定向增发16.5亿元的资金托管资格。

（三）风险控制

公司主要从事园林绿化工程的设计与施工，其中园林建设收入占主营收入的97.62%。公司为园林绿化大型企业，在园林绿化行业综合竞争力、工程业务收入、净利润、跨区域经营收入、千万元以上工程收入等五项排名位列第一。

2013年，公司继续设计施工一体化的发展战略，主营业务实现了较快增长。在园林建设业务板块，公司继续加强全国性业务布局，巩固和拓展华北、西北、华东、华南、华中、东北、西南等区域市场，园林工程合同的履行情况良好，项目推进正常，其仍是公司经营业绩的主要来源；在景观设计业务板块，多品牌战略得到进一步贯彻，公司设计团队规模不断壮大，承揽大型设计项目的能力显著增强，形成了公司经营业绩新的增长点。产业链上各个环节均呈现高速扩张势头。

2013年公司收购了三家设计公司，通过并购，公司设计营业收入增速达到200%以上，施工业务营业收入增速超过100%。2011年新设立分公司10个，立足华东、华北，面向全国的市场格局逐步形成。

公司已有苗木基地9000亩左右，将再建25100亩，拟在山西晋中区国营庆城林场、山东国有机械林场、河北机械林场承包的三处林地实施苗圃建设项目，在大幅降低主要原材料成本，充分保障工程建设外，将通过销售成材苗木进一步扩大收入来源。预计累计可实现收入242141万元，实现利润136421万元，收益率预测为28.6%。

公司项目回款稳定，应收账款政策比较严格，工程进度款按月结算支付已完工程量的50%，完工满1年付至80%，满2年全额付款，能够保证及时回款，并且回款条件还在进一步改善。

对于该公司来说，工程的应收账款能否及时收回关系到公司运营的稳定安全和能否长期持续增长。该公司创新了工程款支付方式，引入土地出让收入的创新工程款支付方式，预期将使公司该项目的应收账款不能及时收回的风险大幅降低。例如，近期签订的沈阳临空旅游区苏家屯景观建设协议中规定，政府以指定相应地块的土地出让成交款作为工程支付款的第一支付来源，而且明确规定土地成交价款到达财政账户后7个工作日内支付到公司指定账户，保证了该项目工程款的有效到位和还款及时。同时支付不受协议及相应景观工程合同项下付款进度影响，进一步规避了土地成交价款因工程付款进度的原因被挪作他用导致最终无法及时支付的风险。另外，在相关指定土地未能及时完成出让的情况下，苏家屯区政府将按公司每月已完工程量的70%支付工程进度款，工程完工后两年内付清全款。该笔工程款将纳入苏家屯区人大常委会的统计财政预算的决议中，以保证支付。同时公司表示会将这种创新工程款支付方式运用于未来新签项目中。

1. 优势

(1) 公司所处的园林绿化行业未来发展前景广阔。

我国国民经济和社会发展正值新的五年规划时期，各地方政府也纷纷出台了园林绿化发展“十二五”规划，将更高的城市绿化覆盖率、公园绿地率和人均公园绿地面积等绿化指标作为发展目标的同时，更加注重城市园林绿化对人民生活环境的实质改善作用。新的发展思路、新的发展理念为我国园林绿化行业带来了新的发展机遇。

①城市人口的扩张和居民对居住环境要求的不断提高，促进了园林

绿化行业的发展。2008 年我国的城镇化率达到 45.68%，根据国际经验表明城镇化水平在 30% ~70% 之间是一个国家城市化加速发展的时期。城市面积一扩张，园林面积肯定要扩大，预计未来城市面积将扩大一倍。根据估算，公共绿地每年投入 700 多亿元，但没包括老城区的改造，全部算进去大概 1000 亿元。从另一个角度来看，每年土地出让面积 20 亿平方米，其中 30% 做园林，按 150 元/平方米，大概园林投入 1000 亿元。

②园林养护。现有城市绿地面积约 150 亿平方米，养护平均成本每年每平方米 9 元，南方较便宜，为 4 ~5 元/平方米，平均下来按 6 元/平方米的养护成本计算，养护金额每年在 900 亿元左右。可见其发展空间较大。

（2）地方政府融资平台的融资受限对市政园林项目的投资建设不构成重大不利影响。

2010 年 6 月，国务院发布《国务院关于加强地方政府融资平台公司管理有关问题的通知》，地方政府融资平台的发债节奏开始放缓，发债规模出现下降。从该政策出台的背景来看，规范和加强地方政府融资平台管理是防范融资平台公司举债规模快速增长带来的偿债风险的必要举措。

近年来，地方政府融资平台为各地基础设施建设投资提供了强有力的资金支持。尽管市政园林绿化工程项目投资的资金来源受益于地方政府融资平台投资规模的扩大，但因园林绿化在地方经济和社会发展中的重要战略地位，预计未来园林绿化工程市场仍将保持较高的市场需求。

从地方政府市政建设的综合效益来看，市政园林建设具有事办功倍的效果。园林绿化系统作为城市中唯一有生命的基础设施，是保持城市生态系统平衡、改善城市面貌、改善城市人居环境、提高广大市民生活质量、构建和谐社会、实现人与自然协调发展和城市可持续发展的主要载体之一，具有城市其他设施不可替代的功效。因此，许多城市已经将创建“园林城市、宜居城市”作为地方政府工作的重要目标之一，列入各地方政府城市建设发展规划之中，比如：北京市“十二五”期间，将基本建成功能完备的“山区绿屏、平原绿网、城市绿景”三大生态体系，实现城市绿量明显增加，碳汇能力明显增强，生态价值明显提高，宜居环境明显提升，逐步形成与世界城市建设相适应的生态环境保障体系。不但要把绿色作为一种生产方式，而且要变成生活方式、消费方式，塑造一个绿色宜居的家园。到2015年，北京市城市绿地将新增4500公顷，城市绿化覆盖率达到48%，人均公共绿地面积达到16平方米。

另外，从投资主体和筹资渠道来看，市政园林建设正在向多元化的趋势发展。我国市政园林工程投资主体主要为各级地方政府及相关部门，随着城市化进程的加快，投资主体正在由单一政府机关部门向非政府机构、企事业单位拓展。市政绿化建设筹资机制由以政府财政预算为主向资金来源多元化发展，一方面，城投债、地方债等各类政府筹资渠道仍有较大的拓展空间；另一方面，许多城市在保证政府投入的前提下，拓宽融资渠道，通过公建民助、民建公助、捐资助绿、出让绿地冠名权和广告发布权等方式，引导社会资金参与市政绿化建设。

(3) 对地方政府融资平台融资的限制政策将趋于宽松。

我国还处于城市化快速发展期，这一时期的重要特征就是基础设施投资需求大，故政府通过债务融资从事基础设施建设在今后一段时期内仍将是一个常态。2010年8月，国家发改委财政金融司司长明确表示，城投债券作为投融资平台公司最透明的直接融资工具，仍然会存在并具有发展空间，但还需要进一步改进，发行规模还会稳步扩大，为城市经济建设继续提供资金保证。2011年10月，财政部发布了《2011年地方政府自行发债试点办法》，规定2011年在上海市、浙江省、广东省、深圳市开展地方政府自行发债试点，随着试点的逐步实施，将有更多的地方政府被纳入发行主体范畴。作为地方政府融资的又一渠道，地方债也将为地方市政建设提供新的资金支持。

（4）公司业绩的快速增长未受到宏观经济调控的显著影响。

近年来，我国园林绿化行业保持了快速发展的趋势，公司作为大型企业之一，经营业绩实现了较快增长。2010—2013年度，公司营业收入从41578.04万元增长到145353.46万元，年均复合增长率为186.97%；净利润从5919.83万元增长到25800.62万元，年均复合增长率为208.77%；至2013年9月，公司实现营业总收入19.65亿元、归属于公司股东的净利润3.44亿元，同分别增长109.05%、96.65%，同时毛利率保持30%以上。这是因为地方政府愿意给予此类项目高毛利率以换取项目顺利进行。如果公司能够进一步加强成本控制，毛利率有望继续提高。

总之，虽然地方政府债务融资规模短期内受到了一定限制，但市政园林建设的步伐并未放缓，园林绿化投资规模仍在稳步增长。因此，上述地方政府融资平台规范政策的出台并未对公司市政园林业务产生不利影响。可以预期，地方政府融资平台在完成规范后，融资限制政策将趋于宽松，园林绿化作为各地方政府城市建设发展规划的重要内容，规模仍将进一步扩大，从而带动公司经营业绩稳步增长。此外，公司在坚持以市政园林项目为主的基础上，将稳步推进休闲度假项目、地产景观项目，大力发展园林景观设计业务，为公司未来经营业绩不断提供新的动力。

2. 劣势

（1）人员扩张无法跟上收入规模的扩张速度带来的业绩低于预期。

（2）市场风险：公司施工项目主要以大中型项目为主，客户集中度相对较高，且单个客户对项目资金投入和结算的影响能力也较大，因此将给公司经营带来风险。

(3) 公司在高速扩张同时，业务回款慢的问题加重了公司现金流的压力。公司2011年前三季度现金收入比为0.51，较上年同期提高0.15。但从具体比值看，还达不到良好的程度。

3. 结论及应对措施

银行此次的授信额度和品种紧紧围绕着该公司的主营业务开展，授信的用途全部为补充公司施工建设所需的流动资金，剩余敞口在后续可串用保函等业务。银行会密切跟踪施工情况和公司总体经营，加大人力投入以预防风险。同时法人提供连带责任担保，也可作为充裕的还款保证。

总之，银行立足于园林在经营中上升的时期，以及公司未来几年已拥有的大额订单工程，会为该公司带来稳定、持续的较高利润，使得公司在未来较长的一段时期一直保持稳定上升的趋势。园林作为本行业的龙头企业，并且从未在银行出现过逾期情况，有着较为充裕的融资渠道和融资能力的企业，将会进行规模为16.5亿元的定向增发，将有效改善现金流。所以，银行的资金风险是可控和安全的。授信为银行带来的效益将远大于银行的授信风险。

4. 相关效益分析

公司自2009年上市成功后，将4亿元托管资金存入银行，为银行2009—2010年的存款指标贡献巨大。期间公司也充分使用了银行1亿元的授信，提款9218万元，同时银行同该公司开展了代发福利费业务，发放信用卡150张，实现利润近600万元。

银行在续作上述业务的同时，将深入开展保函、现金管理、高资质企业融资等业务，并争取客户定向增发 16.5 亿元的资金托管资格。

【小提示】

做客户经理，有时候要适度放大自己的优点，轻微隐藏自己的缺点。适度放大自己的优点，这样客户才会愿意与你交往，毕竟每个人都希望与有独特魅力或优秀的人交往。要轻微掩藏自己的缺点，收敛自己的行为，更多地站在客户的角度，多体贴客户，这样客户在与你相处的时候会感觉很舒服。

【案例 3-4】

北京世纪信息技术有限公司商业承兑汇票授信方案

一、企业概况

北京世纪信息技术有限公司是中国 B2C 市场较大的以 3C 产品为主的网购专业平台，是中国电子商务领域最受消费者欢迎和最具影响力的电子商务网站之一。

商城拥有遍及全国各地的 1500 万注册用户，1200 家供应商，在线销售家电、数码通信、电脑、家居百货、服装服饰、母婴、图书、食品等 11 大类数万个品牌 30 万余种优质产品，日订单处理量超过 12 万单，销售规模占据国内网购零售份额前列。

公司上下游客户及其主要结算方式

供应渠道分析			
	前三名供应商（按金额大小排名）	金额（万元）	占全部采购比率（%）
1	家电厂家	1535.99	8.1

续表

供应渠道分析			
2	服饰厂家	846.51	4.3
3	食品厂家	2564.12	10.1
供应商总体评价从供货质量价格、供货稳定性、付款条件等方面对供应商进行描述			

二、银行授信方案

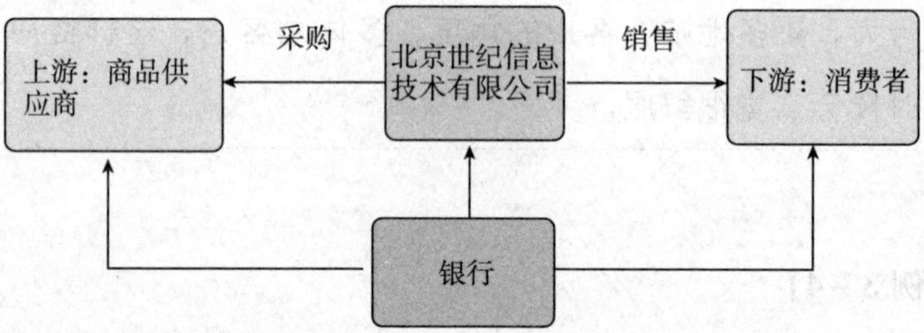

授信额度（万元）	100000.00		授信期限（月）	12		
授信品种	币种	金额（万元）	保证金比例（%）	期限（月）	利/费率	是否循环
额度类型	公开授信额度		授信方式	综合授信额度		
1. 银行承兑汇票	人民币	20000.00		12	0.05%	是
2. 商业承兑汇票贴现（直贴）	人民币	80000.00		12	执行银行规定	是
贷款性质	新增	本次授信敞口（万元）		100000.00	授信总敞口（万元）	100000.00
担保方式及内容	保证人：北京世纪贸易有限公司					

担保方式由北京世纪贸易有限公司进行保证担保。北京世纪信息技术有限公司是由北京世纪贸易有限公司出资成立的全资子公司，注册资

金5亿元人民币。

（一）合作模式

北京世纪信息技术有限公司此次申请综合授信10亿元，由其母公司北京世纪贸易有限公司提供担保。综合授信的10亿元，使用：

1. 2亿元由北京世纪信息技术有限公司使用，产品涵盖：开立银行承兑汇票（零保证金）、贸易融资［汇出汇款（T/T）押汇、进口押汇］、开立信用证、开立国内信用证、开立保函，额度可互相串用。

2. 8亿元商票贴现额度，为中小商票融易贷额度，由北京世纪信息技术有限公司向供应商开立商业承兑汇票，供应商将商票质押在银行获取贷款、开立银行承兑汇票、国内证额度，授信期限一年，可循环使用。

（二）供应链融资业务方案

1. 商业承兑汇票为零保证金授信额度，期限不超过4个月，电子汇票。

2. 北京世纪信息技术有限公司在开立商业承兑汇票前，需要提交电子合同等证明贸易背景资料，合同通过系统打印出，加盖公章。

3. 北京世纪信息技术有限公司的供应商持商业承兑汇票质押，在银行开立银行承兑汇票，银行承兑汇票期限6个月，可以根据供应商需要开立纸质票据。

4. 供应商办理银行承兑汇票占用本次北京世纪信息技术有限公司的8亿元商票质押授信额度，实行名单制，由北京世纪信息技术有限公司批量提供并确认。

提款及还款方式：提款与还款方式应该与客户的资金需求匹配，明确一次或多次提款，一次或多次还款，以及提款与还款的大致时间。

客户根据需求分次提款，用款时间半年。

（三）风险控制

快速发展的电子商务已经引起我国政府的重视。2010年《政府工作报告》明确提出要“加强商贸流通体系等基础设施建设，积极发展电子商务”。而根据此前商务部提出的目标，到“十二五”末，我国电子商务的市场规模将有望占到GDP的5%。

电子商务将会成为未来经济的新增长点。由于很好地融合了新技术与传统行业，无论是从发展新型产业还是扩大内需的角度来讲，电子商务的前景都非常看好。

我国政府为了加强在电子商务领域的引导性投资，改善电子商务市场投资环境，也开始将大量资金投入电子商务市场。这将促使国内电子商务企业投融资新高潮的到来。

虽然电子商务发展迅速，但始终有一些因素制约着它的发展，主要体现在三方面：一是质量问题。主要是指商家出售货物的质量问题。由于是通过电子媒介进行交易，买方往往不能全面掌握货品信息。二是支付问题。随着支付宝、财付通和货到付款模式的出现，也已经基本解决了这个问题，可以说支付付款，快捷方便，信用有保障。三是物流问题。随着电子商务的迅速发展，物流运输已经跟不上节奏，可以这么说，物流问题是电子商务行业发展的一大屏障。客观地讲，实体传统行业的发展必然要落后于虚拟产业化行业。

未来，B2B将是电子商务的发展主流，主要是因为企业和企业之间的交易额大，信誉服务质量较好。但在解决好上述问题的前提下，B2C的发展潜力不可小视。

在电子商务的零售行业里，C2C和B2C是两种相互竞争的商业模式，由于C2C进入的门槛低所以出现的较早，市场份额占优，但受上述问题的制约，发展速度逐渐放缓。在B2C出现后，由于B2C商业模式较好地解决了货品质量和物流的问题，C2C的市场份额快速萎缩。

1. 供应链管理

在商城，经销商不需要缴纳进场费、装修费、促销费、过节费。免去各种费用之后，经销商在商城销售利润率比通过传统渠道销售的要高很多。此外，商城的结算速度比其他商业模式快很多，例如在大家电方面，国美给厂商的返款周期为3个月，商城只需要28天。正是有了这些方面的优势，商城的商业模式迅速取得成功，吸引了大批优质供应商，商城有供应商1万多家，并且随着商城市场份额的快速提升，它对供应商的控制能力不断增强。

2. 库存管理

全球连锁业霸主沃尔玛，在全球拥有自己的卫星系统，把库存周转率控制在30天左右。国美做到47～60天，亚马逊是7～10天。商城的库存周转率为33天，与上述企业相比商城的库存管理能力值得称赞。

3. 配送管理

商城构建了由六大物流中心、超过700个配送站点、200个自提点组成的覆盖超过300个核心城市的自建物流体系。“211限时达”服务承诺：当日上午11:00前提交现货订单（以订单进入出库状态时），当日送达；夜里11:00前提交的现货订单（以订单进入出库状态时间点开始计算），第二天上午送达（14:00前）。开通地区：北京、上海、广州、成都、苏州、昆山、无锡、嘉兴、绍兴、杭州、天津、深圳（上午10:00前下单）、佛山13城市中由商城自营配送的区域。

4. 客户关系管理

商城承诺在运输“保价费”上永久免费，在配送环节上承担保险费用，运输过程的风险一律由商城承担，客户收到货物如果有损坏、遗失等情形，只要当场提出声明，商城立即发送全新商品先行予以更换，使顾客购买商品时更加放心。

5. 技术管理模式

商城作为电商，电子化管理程度很高，商城运营中枢是ERP系统，通过这个系统可以掌握每一款产品的详细信息：什么时间入库、采购员是谁、供应商是谁、进价多少、质保期多长、在哪个货架、什么时候收到订单、由谁扫描、谁打包、谁发货、发到哪个分库、哪个快递员发出、客户的详细信息等，是企业管理的核心。客户在购物时可以随时查询到所订购商品的具体状态，这为商城客服部门省去了很大一部分工作。

6. 核心竞争力

（1）产品价格更低廉。商城的产品价格低，通常比别人要便宜10%，有些产品的价格会便宜到30%。例如，商城的彩电比和国美通常要便宜10%~20%。

（2）快捷的物流。商城能够在众多电商中脱颖而出的重要因素是，它多年打造的庞大物流体系。2009年3月，商城在大多数电商节约成本利用第三方物流公司送货时，独辟蹊径成立了自有快递公司，物流配送速度、服务质量得以全面提升。商城构建了由六大物流中心、超过700个配送站点、200个自提点组成的覆盖超过300个核心城市的自建物流体系。在北京这样的中心城市，商城已经能够做到当天下单当天送到，让消费者充分享受了“足不出户，坐享其成”的便捷。

（四）本次授信的优势和劣势

1. 优势

（1）商城所在电子商务行业发展迅速，并且在细分自营 B2C 市场中优势明显。

（2）商城有自营物流系统，配送速度快，服务质量好。由于物流行业属于资本密集型的行业，进入门槛高，商城在这方面的优势是其核心竞争力的体现。

（3）商城融资能力较强，注资 5.5 亿美元，它还握有近百亿元人民币风投资金，并且融资渠道通畅，能够顺畅地将外资引入国内。

（4）商城管理层从事电子商务多年，具有较强的管理能力，制定的“注重扩展市场占有率，将盈利放在次要位置”的战略符合电子商务发展的规律。

2. 劣势

（1）电子商务行业进入门槛低，竞争激烈，一旦决策失误，市场占有率降低，可能导致风投资金迅速撤出，公司很快倒闭的不良后果。

（2）商城盈利状况不佳，如果未来两三年商城市场占有率没能迅速提高或盈利情况没有大幅好转，上市无望，将面临风投资金撤出的风险。

（3）对本次授信的风险是否可控以及效益与风险能否平衡作出明确的判断。商城处于高速成长期，短期内发展形势不会逆转，已获得工商银行、建设银行其他银行近 40 亿元的授信，银行给予其 10 亿元授信风险可控。

（4）就相关风险隐患，提出具体的防范措施。关注有关商城的负面信息和它的市场份额占比情况，一旦发生重负面消息或市场占有率急速下降，银行应立即降低授信额度，尽快收回贷款。

（五）相关效益分析

商城初步向银行提出10亿元授信申请，其中2亿元由本部使用，8亿元用于供应商融资。授信获批后，年底前分行辖内各支行通过商票质押贷款模式，可新增2亿元的中小微贷款投放，新增客户数30～50户，利率上浮10%，可获得利息收入约80万元，明年授信充分使用后可为银行带来1250万元的利息收入。同时商城可要求贷款供应商在北京开户，预计可为银行带来5000万元的对公存款以及一定的对私存款。此外，商城还会为银行带来银承、国内信用证等对公业务收入，预计年底前可实现30万元。另外，值得一提的是，报表显示有23亿元的现金存款，经了解大多以理财形式存放在有授信合作关系的银行，所以存款也是重要营销目标。如果授信获批，可用获得的2亿元对公存款来购买银行对公理财。

可通过为商城开立的商业承兑汇票在银行进行质押开立银行承兑汇票。由于商业承兑汇票期限短于银行承兑汇票，进行票据的错配，可为银行带来全额存款的收益，以及新开立的银行承兑汇票手续费收益。

【小提示】

每一位客户经理都要试着站在客户的立场分析我们的授信方案，即要站在客户的利益角度分析授信方案是否合理。印第安人说过："首先要穿别人的鞋走上一段路。"因此，我们不要忘了问自己：如果我是客户，我会接受这样的授信方案吗，还需要怎样改进。

【案例 3 -5】

北京大华数码有限公司商业承兑汇票授信方案

一、企业概况

从 2003 年开始，数码（中国）有限公司将原有的全部低端分销业务转给北京数码经营，北京数码有限公司已经逐渐替代数码（中国）有限公司，成为整个集团的国内采购、低端销售和管理中心。北京数码主要为客户提供专业的供应链管理服务，销售的产品包括笔记本、投影机、服务器、台式机、打印机、绘图仪、耗材、DIY 配件、数码相机、摄像机、MP3、录音笔、手持设备、GPRS 卡等，涉及的品牌包括 Toshiba、NEC、IBM、HP、华硕、Sharp、Epson、Canon、Fuji Xerox、Seiko、AMD、Logitech、Belkin、Casio、Samsung、Kodak、Olympus、Sony、晨星、多普达、熊猫等。

北京数码上下游客户及其主要结算方式

供应渠道分析			
	前三名供应商（按金额大小排名）	金额（万元）	占全部采购比率（%）
1	惠普（中国）有限公司	5896.3	7.1
2	东芝	3864.9	5.12
3	宏碁	4423.89	5.9

供应商总体评价从供货质量价格、供货稳定性、付款条件等方面对供应商进行描述。

该公司的供货商多为国际、国内知名的公司，并且与其建立了长期稳定的合作关系，如松下 Toshiba、惠普 HP、卡西欧 CISCO、IBM、宏碁、微软（中国）有限公司、太阳计算机产品有限公司等；为适应行业特点和国际惯例，北京按照业务条线进行管理；部分境外采购（30%），其余境内采购。支付方式涵盖现金、银承、商票、信用证等，结算货款以银行承兑汇票为主，部分由北京神码办理买方付息代理贴现。

续表

销售渠道分析			
	前三名销售商（按金额大小排名）	金额（万元）	占全部销售比率（%）
1	上海数码有限公司	6845.9	15.1
2	南京数码有限公司	2983.3	8.8
3	广州数码有限公司	5487.45	14.2
销售商总体评价从销售价格、稳定性、付款条件等方面对销售商进行描述。 为了适应国际惯例和IT行业的特点，该公司的销售主要通过遍布全国的平台，把产品分销给下游近6000个渠道，再由渠道销授给代理或最终用户。北京数码有自己的信用管理体系，规格分渠道定期进行评级。对于信用好的渠道会有一定账期，通常不超过30天。包括现金、银行承兑汇票等。北京数码与全球知名的IT企业保持密切的联系，并与50多家跨国IT企业建立了长期的战略合作伙伴关系；在国内市场，该公司与8000余家代理商合作，遍布全国的渠道体系深入各大中城市，并且覆盖二、三、四线城市。			

二、银行授信方案

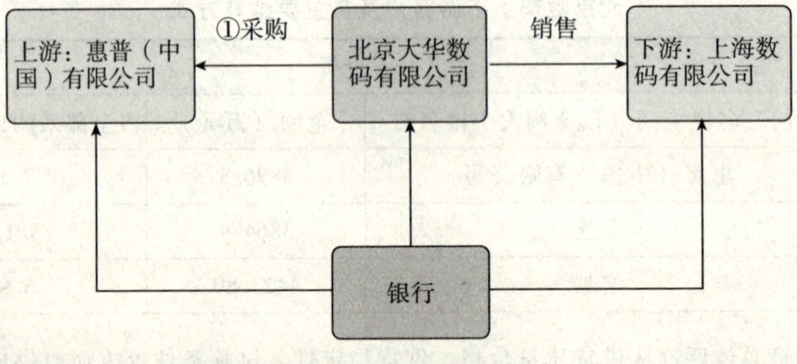

额度类型	公开授信额度		授信方式	综合授信额度		
授信额度（万元）	20000.00		授信期限（月）	12		
授信品种	币种	金额（万元）	保证金比例	期限（月）	利/费率	是否循环

续表

额度类型	公开授信额度		授信方式	综合授信额度		
1. 流动资金贷款	人民币	10000.00		12	按照银行标准执行	是
2. 商业承兑汇票	人民币	5000.00		12	按照银行标准执行	是
3. 履约保函	人民币	5000.00		12	按照银行标准执行	是
贷款性质	新增	本次授信敞口（万元）		20000.00	授信总敞口（万元）	20000.00
担保方式及内容	保证人：数码（中国）有限公司					

保证人数码（中国）有限公司实力雄厚，在国内行业建立了良好的信用记录和声誉，该公司最终出资 95000 万元成立北京数码有限公司，是北京数码公司的第一大股东。鉴于上述情况，经办人认为从保证人的行业背景、资产规模、经营情况、管理能力以及与借款人的资产关系、过往信用等多角度分析，数码（中国）有限公司具备为北京数码有限公司提供连带责任保证的资格和能力。

（一）上游供应商情况简介

北京大华数码有限公司现已获得众多世界知名大公司的肯定与认可，同时与 HP、IBM、Toshiba、NEC、Canon、Olympus、Casio、Panasonic、Philips、Sony Ericsson、Kodak、Samsung 等多家著名高科技企业结为贸易伙伴，并多年来与其保持着良好的战略合作关系，多次获得上述优秀企业的最佳合作伙伴称号；公司产品范围包括笔记本电脑、显示设备、移动办公设备、计算机外围设 PC、服务器、数码相机、手持设备、计算机配件等千余种 IT 产品，公司在分销业务中进一步引入宏碁（ACER）笔记本及台式机产品线，惠普（HP）家用台式机的库存交单（FULFILL-MENT）业务，丰富领域内产品线。

供货商多为国际、国内知名的公司，并且与其建立了长期稳定的合作关系，如松下 Toshiba、惠普 HP、卡西欧 CISCO、IBM、宏碁、微软（中国）有限公司、太阳计算机产品有限公司等；为适应行业特点和国际惯例，北京按照业务条线进行管理；部分境外采购（30%），其余境内采购。支付方式涵盖现金、银承、商票、信用证等，结算货款以银行承兑汇票为主，部分由北京神码办理买方付息代理贴现。

合作模式：该公司的供货商多为国际、国内知名的公司，并且与其建立了长期稳定的合作关系，如松下 Toshiba、惠普 HP、卡西欧 CISCO、IBM、宏碁、微软（中国）有限公司、太阳计算机产品有限公司等；为适应行业特点和国际惯例，北京按照业务条线进行管理；部分境外采购（30%），其余境内采购。支付方式涵盖现金、银承、商票、信用证等，结算货款以银行承兑汇票为主，部分由北京神码办理买方付息代理贴现。

该公司在银行申请授信主要用于支付供货商货款，该公司的供货商均为国际知名企业，交易背景真实。

（1）此次申请的 1 亿元人民币流动资金贷款，可串用为银行承兑汇票额度及履约保函额度。

（2）此次申请的人民币 5000 万元银行承兑汇票额度：1 亿元流动资金贷款额度及 5000 万元非融资类保函额度可串用为银行承兑汇票额度，所以银行承兑汇票品种最高可串用额度为 2 亿元。

（3）此次申请人民币 5000 万元的保函额度：1 亿元流动资金贷款额度及 5000 万元银行承兑汇票额度可串用为非融资类保函额度，非融资类保函最高可串用额度为 2 亿元。

（二）下游客户情况简介

为了适应国际惯例和 IT 行业的特点，该公司的销售主要通过遍布全国的平台，把产品分销给下游近 6000 个渠道，再由渠道销授给代理或最终用户。北京数码有自己的信用管理体系，规格分渠道定期进行评级。对于信用好的渠道会有一定账期，通常不超过 30 天。包括现金、银行承兑汇票等。北京数码与全球知名的 IT 企业保持密切的联系，并与 50 多家跨国 IT 企业建立了长期的战略合作伙伴关系；在国内市场，该公司与 8000 余家代理商合作，遍布全国的渠道体系深入各大中城市，并且覆盖二、三、四线城市。作为国内领先的 IT 产品分销商和服务提供商，该集团的主营业务继续保持了优势地位。该集团的主营业务包括分销业务、系统集成和 IT 增值服务。其中：分销业务包括海量分销和增值分销。海量分销的对象主要是大众。产品包括家用笔记本、数码相机、U 盘、网卡、台式机、打印机、扫描仪等。海量分销全部在“北京数码”经营；而增值分销，即高端分销是“神码（中国）公司”来经营，授众主要是商用客户（公司），产品包括数据库、逐级、存储业务、软件、网络产品等。系统集成业务，按照客户的要求，将软硬件设备组合在一体，提供整体网络服务。集成业务主要采用 2008 年新成立的“系统集成服务有限公司”来操作，系统集成公司是由北京神码公司的原集成事业部存续分立而来的。从 2003 年 3 月开始，数码（中国）有限公司将原有的全部低端分销业务转给北京数码经营，北京数码有限公司已经逐渐替代数码（中国）有限公司，成为整个集团的国内采购、低端销售和管理中心。

合作情况：

（1）重点客户：北京数码有限公司已经成为众家银行必争的优质大

型客户，除四大行外，包括外资银行都在积极参与竞争，并都在原有授信基础上扩大了对该公司的授信额度。该公司实力雄厚，还款意愿强，在各商业银行有良好的信誉，在其他行的授信额度合计共约 40 亿元，是各家银行重点支持的优质企业。

（2）银企合作情况：根据银行信贷审批中心审批批复授予北京数码公司 2 亿元综合授信额度，授信类型为银行承兑汇票额度，可串用为非融资类保函额度，数码（中国）有限公司提供全额连带责任保证担保，期限 1 年。授信期间，该公司累计开立银承 14 笔，金额 12720 万元，全部正常兑付；办理流动资金贷款一笔，金额 1 亿元，已提前还本付息，信用记录良好；办理贴现 7020 万元，银行利息收入 64. 75 万元，中间业务收入 3. 51 万元。

三、风险控制

（一）优势分析

1. 此笔授信业务的申请人北京数码有限公司是数码控股有限公司的核心企业，行业优势明显，财务状况良好，2013 年主营业务收入 178. 28 亿元，在银行信贷评级系统中评为 AA 级，是银行支持的行业排头兵企业；本次授信由数码（中国）有限公司提供连带责任担保，保证人资信良好，有足够的担保能力。

2. 本次授信的品种为流动资金贷款和银行承兑汇票及非融资类保函，经银行与该公司多年的合作，该公司同意在银行开立银承时，可同时在银行办理一定数量的贴现，可以认为本次授信收益较高，风险较低。

3. 该公司在银行申请授信主要用于支付供货商货款，该公司的供货商均为国际知名企业，交易背景真实，风险可控。

（二）劣势分析

该公司虽然应收账款金额比较大，但是从主营业务收入增长幅度以及资产总量占比来看并不高，相对同行业该公司平均账期比较短，应收账款周转率较高，坏账率极低，不会影响其短期偿债能力。

（三）对本次授信的风险是否可控以及效益与风险能否平衡做出明确的判断

该公司主业突出，在所处行业具有很强的竞争力，资信状况良好，被银行信贷系统评级为AA级，是众多银行竞相支持的优质客户，已经取得各家银行的大量授信额度。本次授信由银行AA级客户数码（中国）有限公司提供担保，风险较低，收益较高，该公司已在银行连续多年获得授信额度，通过本次授信续作，可使银行与该公司巩固良好的合作关系。综上，客户经理认为，本次授信风险可控。

（四）就相关风险隐患，提出具体的防范措施

要加强授信后的监督，严格按照授信用途使用资金，并在开立银行承兑汇票及保函时，严格审核贸易背景。

（五）担保企业信用和评价

保证人数码（中国）有限公司实力雄厚，2013年主营业务收入109.74亿元，在国内行业建立了良好的信用记录和声誉，该公司最终出资95000万元成立北京数码有限公司，是北京数码公司的第一大股东。鉴于上述情况，经办人认为从保证人的行业背景、资产规模、经营情况、管理能力以及与借款人的资产关系、过往信用等多角度分析，数码（中国）有限公司具备为北京数码有限公司提供连带责任保证的资格和能力。该公司主业突出，在所处行业具有很强的竞争力，资信状况良好，被银行信贷系统评级为AA级，是众多银行竞相支持的优质客户。该笔授信由

数码（中国）有限公司提供连带责任担保，保证人资信良好，有足够的担保能力。

（六）借款人总体评价

1. 行业政策因素、行业竞争和发展前景

北京数码连续十年以来一直是国内知名的IT产品分销商，并已成为了应用软件服务以及供应链服务的一体化IT服务企业。它的行业优势明显，属行业大型企业，北京数码有限公司在数码控股有限公司中是创收盈利的核心企业，居主导地位，实力雄厚，资信优良，自身经营稳健，整体经营业绩迅速增长。根据银行2010年对公授信业务目标行业和客户的指引，该客户属于市场占有率高的大型计算机及服务行业，属于银行授信业务支持的范畴。

2. 借款申请人的经营情况、管理层的管理能力和还款意愿

数码集团的主要业务集中在北京数码有限公司，收入也主要来源于北京数码，北京数码现已成为数码集团的核心企业。该公司2010年底主营业务收入178.28亿元，占集团业务收入85%；连续十年以上是国内名列前茅的IT产品分销商。

2010年北京数码有限公司税后净利润6518.33万元，经营情况良好；该公司具有专业知识强，经验丰富的优秀高管管理层和技术管理队伍，各项规章制度和监控体系完备，通过明确的目标责任体系，依托ERP系统应用、流程引导和制度约束，在公司内部树立了很强的风险防范意识，使各项风险指标处于可控状态；该公司实力雄厚，还款意愿强，在各商业银行有良好的信誉，是各家银行重点支持的优质企业。

3. 借款申请人的财务状况

借款申请人主营业务突出，财务状况良好，资产负债结构合理，资

产质量良好，有较强的盈利能力和营运能力，能产生良好的现金流，发展趋势良好，具备长、短期偿债能力。

综上，客户经理认为，该公司经营情况良好，财务状况稳定，具有良好的发展前景，具备长、短期偿债能力，本次授信风险可控。

四、相关效益分析

北京数码有限公司实力雄厚，还款意愿强，在各商业银行有良好的信誉，在其他行的授信额度合计共约40亿元，是各家银行重点支持的优质企业。银行正在积极向其营销银关通、短期融资债、企业年金、现金管理、债市通等业务，银行授予该公司综合授信额度业务逐步与其建立全面合作，同时要求该公司在银行开立银行承兑汇票的额度与在银行办理贴现的额度相匹配，力争提高银行的综合收益。

银行为北京数码有限公司此笔授信提供流动资金贷款、银行承兑汇票、履约保函等产品。其综合收益为流动资金贷款利息、银行承兑汇票手续费。银行可积极营销北京数码有限公司贴现业务，为银行带来贴现利息收益。

除授信前需落实条件或其他授信要求之外，品种之间的串用规则，集团成员公司的额度分配方案也在此说明：

（1）此次申请的1亿元人民币流动资金贷款，可串用为银行承兑汇票额度及履约保函额度。

（2）此次申请的人民币5000万元银行承兑汇票额度：1亿元流动资金贷款额度及5000万元非融资类保函额度可串用为银行承兑汇票额度，所以银行承兑汇票品种最高可串用额度为2亿元。

（3）此次申请人民币5000万元的保函额度：1亿元流动资金贷款额度及5000万元银行承兑汇票额度可串用为非融资类保函额度，非融资类保函最高可串用额度为2亿元。

【小提示】

时刻关心你的客户，常常赠送一些小礼品——可以没有任何理由的，寻找让别人快乐的途径。在礼物上花费的精力表明了你在他身上花费的心思，要让客户知道，你很关心他，希望与他成为真挚朋友。在银行与企业公对公之外，若我们与客户有着深度的私人友谊，可以更好地促进公司与银行的业务合作。

【案例3－6】

大连大学附属医院商票授信方案

一、企业概况

大连大学附属医院，始建于1953年，至今已有50余年历史，是一所集教学、医疗、科研、康复和保健为一体的三级甲等医院。该医院可利用床位830张，年出院病人1.7万人，年门急诊量18.39万人次。人员编制661人，实有编制528人。

二、银行切入点分析

医院是银行的优质客户，银行逐渐与该院形成了相互信任的合作伙伴关系。银行为该院提供2500万元的综合授信，是建立在对医院深入分析，并进行相关综合效益测算基础之上的。该院经营情况良好，还款能力较强，管理人员和业务人员素质优良，管理有序，未来发展前景看好。这也是本次授信业务的优势所在。该院是收费性单位，收入及支出相对稳定，医院用医疗、药品收入及财政拨款按期兑付商票。

1. 综合效益测算：

（1）商票贴现收益：期限半年，基准利率（即4.86%）。

（2）贴现利息：2500×4.86=121.5（万元）。

（3）代理票据手续费：2500×1%×2=50（万元）。

一年商业承兑汇票贴现额度循环使用两轮，一年银行贴现利息收益121.50万元，中间业务收入50万元。

2. 交叉营销：医院已在银行办理了奖金代发、集体办理信用卡等业务。同时上游供应商在银行办理商业承兑汇票贴现，为银行增加了大量的网上银行、链式融资、第三方存管、集体办信用卡和代发工资目标客户。

3. 该医院有可靠、稳定的收入来源，近三年来业务收入稳定。

4. 近3年来，该医院未出现重大医疗责任事故，不存在可能导致较大损失的未决医疗诉讼。

综上所述，本次为提供2500万元综合授信额度，预计一年可为银行带来收益累计170万元，同时在工资代发、办理信用卡、网上银行、链式融资客户、贸易融资、第三方存管等方面带来综合收益。与该院合作前景看好，既能提高银行的社会知名度，增强社会效益，又能创造更大的经济效益。

结论：

第一，根据银行年信贷投放政策指引中的描述，“支持经济发达、经济和社会开放程度高、社会信用状况好、政府服务意识强的地区信贷投放”，大连是我国沿海经济发达城市，也是东北地区的中心城市之一。近年来，大连市政府不断采取招商引资等举措活跃城市经济，鼓励各企事业单位通过诚实守信、合法经营提高整个城市的文明程度，社会信用度和服务意识得到强化，对该地区进行信贷投放符合银行信贷政策。指引中还提到“优先支持经济发达地区重点城市三甲医院，支持中心城市三甲医院”，“支持具有相对竞争优势、收入稳定、还款来源可靠的学校、医院等事业单位”，而地处中心城市大连，财政补助收入和上级补助收入稳定，业务收入逐年提高，科室设置完备，属于银行重点支持的三级甲等医院范畴，对其授信同样符合银行的信贷政策。

第二，该院是典型的收费型事业单位，有可靠、稳定的经费收入来源。该院债务规模与收入规模较为合理，具备较强短期偿债能力。

三、银行授信方案

贷款用途：大连大学附属医院是一所集教学、医疗、科研、康复和保健为一体的三级甲等医院，是大连市医保、开发区医保、金州医保、庄河市医保、旅顺口医保、长海县医保定点医院，大连市工伤保险和大连市医保生育保险定点医院。该医院于1996年经辽宁省卫生厅批准为三级甲等医院，现可利用床位830张。近年来，大连大学附属医院总体规模、医疗水平、综合效益迅速提升，实现了跨越式发展。2005年该医院顺利通过了ISO 9000质量认证。

(一) 银行信贷政策助力

银行本次授信方式与银行“1+N”链式融资模式核心理念一致，将医院作为核心客户，通过医院与供应商之间形成的应收、应付账款为上游中小供应商提供融资渠道；同时通过医院对供应商开立商业承兑汇票、后者在银行办理贴现的操作模式，银行能够掌握供应商与医院交易中使用的相关订单、合同、发票以及应收账款明细等材料，判定医院与供应商之间交易背景的真实性，一方面便于深入了解医院医疗器械、药品采购支出等成本管理情况，另一方面通过跟踪药品、设备的使用情况能够得到医疗设备的使用及药品收入相关信息，在一定程度上理清了医疗产业供应链条，将银行信贷资金投放的风险降至最低。特别是银行通过商业承兑汇票贴现业务成功开发了医院的上游客户，已有30余家药品和医疗设备供应商到银行开户办理相关结算业务，并在账户上形成了一定量的存款沉淀，逐渐构建起以为中心较为稳固的医疗器械、药品保健等批发行业客户群体。

（二）本次授信方案

本次上报综合授信额度共计人民币2500万元，用于补充医院对外采购各类药品及卫材等医用高低值耗材的需要。期限1年。

授信增加的原因：2000万元授信额度已经维持了3年，这3年医院发展明显，根据医院最新的财务报表显示，医院每月对外支付近1700万元，其中使用商票结算700万元左右，按照6个月计算达到4200万元，考虑到不是所有经销商都办理贴现业务，办理贴现的也不是将手中所有的票据都贴现，2500万元商票贴现额度应该足够使用。最终的授信方案较上次授信批复增加了500万元商票贴现额度。

商票贴现是银行与该院开展合作伊始，根据其收入支出的特点为其提出的付款方式建议，运用这样的付款方式可以有针对性地将医院延期付款产生的利息合理转移给上游供应商，与流动资金贷款相比降低了财务成本，这种支付方式取得了医院的认同。在几年的合作期间里，以该院为中心的上下游的许多客户都陆续到银行办理贴现等结算业务，不仅增加了银行的结算量和沉淀存款收益，而且扩大了银行的客户群体范围。多年来，该院一直以这样的固定模式循环使用银行的授信额度，保持着良好的付款记录，为银行利息收入和中间业务收入做出了贡献。

额度类型	公开授信额度		授信方式	综合授信额度		
授信额度（万元）	2500.00		授信期限（月）	12		
授信品种	币种	金额（万元）	保证金比例（%）	期限（月）	用途	收益
商业承兑汇票贴现（直贴）	人民币	2500.00	0.00	12		
授信性质	新增	本次授信敞口（万元）		2500.00		
担保方式及内容	信用					

【小知识】

做银行客户经理要学会与人交往，要多称呼对方的学术头衔，而非官阶。中国人更重视自己的学术成就，倘若称呼对方学术头衔，则表明你对他的尊重。每个人都愿意听到自己的学术成就，这比听到任何一个名字的代替品都更让他高兴。例如，多称呼王院士，就比王总要更加受用。

附　录

附录 1

票据资产保管合同

合同编号：

甲方（委托人）：

地　址：

邮政编码：

法定代表人：

电　话：

传　真：

乙方（保管人）：

住所（地址）：

负责人：

联系人：

电　话：

传　真：

鉴于：

甲方为依法成立的，在中华人民共和国境内有资产管理业务经营资格的证券公司；乙方为合法成立并有效存续的商业银行，经中国人民银行批准，享有充分的授权和法定权利开展票据业务的保管业务。

甲方委托乙方作为甲方提供的票据资产的保管人，为甲方所设立的“××××××资产管理计划”项下票据资产及票据资产对应票据提供保管服务。具体保管的票据资产及对应票据见附件一《票据资产及对应票据保管清单》。

为明确甲、乙双方的权利、义务和责任，依据中国有关法律、法规及部门规章之相关规定订立本协议。

第一条 乙方保管内容和期限

1. 本合同所指票据资产是指与票据资产对应的商业汇票（包括银行承兑汇票、商业承兑汇票）到期托收、期间转让或其他处置情形下所产生的收入总和以及对票据资产对应票据回收款项的请求权。本合同所指票据资产对应票据是指××银行已贴现或转贴现的尚未到期的商业汇票。

2. 甲方委托乙方作为代理托收人，为甲方提供本合同项下票据资产的到期托收服务。

3. 本合同约定的其他职责。

4. 保管期限同“××××××资产管理计划”期限，起始日为 年 月 日。

第二条 票据资产的保管

1. 票据资产的交接

双方约定本合同项下票据资产的交接采取如下方式：

保管期间内，甲方向乙方发送加盖甲方公章的每期《票据资产及对应票据保管清单》的传真指令，授权乙方据此进行验票、取票并开立尾箱进行保管。乙方按照每期《票据资产及对应票据保管清单》对票据资产所对应的票据进行验收并按预留甲方处印章签章封存。确认无异议后，乙方按照甲方的要求开立尾箱对每期票据资产进行单独存放，妥善保管，同时乙方应将《票据资产及对应票据保管清单》中各张票据正面复印件加盖乙方在甲方的预留印鉴后传真至甲方。

对于不符合要求的票据（包括但不限于票据存在的瑕疵、要素不清、票据真实性难以核验等），乙方应及时告知甲方，并有权拒绝接受该票据。

2. 票据资产的调整

保管期间，甲方可以对票据资产进行调整，乙方在接到甲方的指令后，按照甲方的授权进行操作。

3. 票据资产的托收

《票据资产及对应票据保管清单》中的票据到期的，甲方委托乙方将封存的票据拆包并按每张票据到期时间的先后顺序逐一办理票据资产到期托收。

托收时，由乙方在票据背面“被背书人”栏按照相关规定签章后发出托收。甲乙双方确认，乙方在“被背书人”栏的签章只作为票据托收的必要技术手段，乙方不据此对该批/笔代理托收票据对甲方主张任何票据权利，也不因托收拒付对甲方承担任何责任，但乙方为票据债务人的除外。

乙方应在收到托收票据款项至迟次日内，直接将回收的款项划付至甲方下列资产管理账户：

户名：

开户行：

账号：

第三条 票据资产保管费用

经甲乙双方协商同意，甲方愿向乙方支付保管票据资产所产生的费用，乙方保管“××××××资产管理计划”的保管费率，每次开放期产品对应的保管费率见附件二。甲方按照每次开放期实际募集金额/甲方买入金额的对应的费率向乙方支付票据资产保管费，并在下次开放期结束后的五个工作日内一次付清保管费。

票据资产保管费用 = Σ（资产管理计划资金×［资产管理计划对应的保管费率］×该期投资项目的实际天数/360 天）（i =1，2，3，…）。

第四条 双方的权利和义务

（一）甲方的权利和义务

1. 甲方有权根据本协议及资产管理计划文件的规定对票据资产进行管理、运用。

2. 甲方有权根据本协议的有关规定向乙方发出指令。

3. 甲方有权监督、检查乙方本合同项下义务的履行情况，了解保管的票据资产的相关情况。

4. 如果票据资产对应票据到期被拒付的，甲方有权利要求乙方及时向票据承兑行行使付款请求权及向票据资产转出行的前手行使追索权。

5. 甲方在合法合规的前提下，应乙方要求为其提供开展保管业务各项必需的协助。

6. 甲方确保将本协议中乙方履行的保管职责向本资产管理计划的委托人及/或受益人进行真实完整披露。

（二）乙方的权利和义务

1. 乙方根据本协议的规定，行使对本资产管理计划所保管票据资产的保管权和监督权。

2. 乙方按照本协议的规定，及时足额地收取保管费。

3. 乙方应当妥善保管票据资产，在收到甲方交付的《票据资产及对应票据保管清单》时，乙方应确保票据为银行已贴现或转贴现的尚未到期的商业汇票，并在按本合同约定进行验票、取票后，将票据资产所对应的票据使用单独尾箱保管。

4. 如果票据资产对应票据到期被拒付的，乙方有义务及时向票据承兑行行使付款请求权及向票据资产转出行的前手行使追索权。

5. 乙方不得将与票据资产对应的票据交第三人管理，不得使用或者许可第三人使用与票据资产对应的票据。

6. 若在本合同项下所有票据均未到期前，甲方按照约定，将票据资产转让给第三方的，则甲方向乙方向下达开启尾箱的指令，乙方在收到指令审核无误后可以开启尾箱。

7. 乙方对本合同项下票据资产的保管水平，应不低于乙方对自身持有的票据的保管水平。

第五条　违约责任

本合同当事人违反本合同的约定，对方有权请求该当事人依照本合同的约定和该当事人做出的承诺和保证履行相应的义务；造成对方损失的，对方有权请求该当事人承担赔偿责任。

乙方未能善意、适当履行票据托收职责，造成票据款项逾期收回的，自该票据到期日第四个工作日起（含第四个工作日），乙方按逾期票据金额每日0.2‰的标准向甲方支付违约金，但因邮局或承兑行过失、过错等非乙方原因造成票据逾期付款的情况除外。

乙方违反票据款项划付义务，未及时将所收票据款项按时划付至甲方指定资产管理计划托管账户的，按迟延划付金额每日 0.2‰的标准向甲方支付违约金。

第六条　争议解决

（一）本合同的订立、效力、解释、履行及争议的解决均适用中华人民共和国法律。

（二）凡由本合同引起的或与本合同有关的争议和纠纷，各方应先协商解决；不能协商或协商不能达成一致的，在甲方住所地有管辖权的法院以诉讼方式解决。

第七条　合同生效

本合同经甲方法定代表人或授权代理人签字并盖公章或者合同章、乙方负责人或授权代理人签字并盖公章或者合同章后生效。

第八条　其他事宜

1. 本协议未尽事宜，协议各方可根据有关法律、法规的规定，共同协商做出补充协议。补充协议应由双方共同确认。补充协议与本协议附件均为本协议组成部分，与本协议具有同等法律效力。本合同的传真件亦具备同等法律效力，如传真件与原件不符，以传真件为准。

2. 保密条款：

各方对于本合同以及与本合同有关的事项承担保密义务，未经其他方书面同意，任一方不得将本合同的任何有关事项向除甲、乙双方以外的第三方披露，但是因以下情况所进行的披露除外：

(1) 甲方（我方）履行法律法规或资产管理计划文件规定的信息披露义务，向资产管理计划委托人进行的披露。

（2）向在正常业务中所委托的审计、律师等工作人员进行的披露，但前提是该等人员必须对其在进行前述工作中所获知的与本合同有关的信息承担保密义务。

（3）该等资料和文件可由公开途径获得或者该资料的披露是法律法规的要求。

（4）向司法机构或者根据任何诉前披露程序或类似程序的要求，或根据所采取的法律程序进行的与本合同有关的披露。

（5）甲方（我方）根据金融监管机构的要求，向金融监管机构进行的披露。

（6）因办理登记、变更等事项，向相关主管部门进行的披露。

本合同保密条款的约定效力至本协议规定的全部保密信息成为社会公众所知悉的信息后终止，不因本合同其他条款的无效、撤销或终止而受到影响。

3. 本合同一式二份，甲乙双方各执一份，每份具有同等法律效力。

（以下无正文）

甲方（盖章）：

法定代表人或授权代理人（签字）

乙方（盖章）：

负责人或授权代理人（签字）

年 月 日

附件一：

票据资产及对应票据保管清单

银行：

以下为“××××××资产管理计划”项下第　次开放期项下票据资产对应票据明细，请据此进行验票、取票并开立尾箱进行单独保管，并在票据到期后进行托收。

票据资产对应票据明细										
机构：			转让日：××××－××－××						利率：%	
序号	票号	金额	出票日	票面到期日	出票人名称	承兑人	顺延天数	计息天数	应收利息	实付金额
1										

附注：保管期间内，甲方有权对上述资产清单进行调整，乙方应以甲方调整确认后的清单为准进行保管。

证券有限公司

年　月　日

收悉并据此办理相关票据资产的保管。

银行

年　月　日

附件二：

票据资产相关率确认函

证券有限公司：

××××××资产管理计划项下第____次开放期对应的票据资产保管费率为 %，资产转让利率为 %。

银行

年 月 日

收悉并同意。

××证券有限公司

年 月 日

附件三:

乙方预留甲方处用于票据签章封存的印章:

银行　　　　　分行

年　月　日

附录 2

承兑汇票代理贴现业务三方合作协议

编号：

甲方（代理人）：买方

地址：

电话：

甲方（代理人）：买方

地址：

电话：

联系人：

乙方（委托人）：卖方

地址：

电话：

联系人：

丙方（贴现银行）：

地址：

电话：

联系人：

乙方采用银行承兑汇票方式结算货款并为银行承兑汇票的贴现申请人，甲方为乙方指定办理票据贴现手续的代理人，丙方为乙方指定办理票据贴现的银行。甲、乙、丙三方本着互惠互利、平等自愿、诚实信用的原则，在充分协商基础上达成如下协议。

一、在本协议项下的代理贴现业务所指是银行承兑汇票。

二、乙方委托甲方在本协议权限内行使以下代理事项和代理权限：

1. 代理乙方向丙方申请银行承兑汇票贴现。

2. 代理乙方与丙方确定贴现时间、贴现利率等。

3. 甲方以乙方代理人的名义在贴现申请书、贴现凭证上签章并按规定注明代理关系，在汇票上进行贴现转让背书签章，并按规定注明代理关系。

4. 代理乙方持有票据并在申请贴现时向丙方交付票据。

代理关系的确立以甲方在合同对应的汇票上注明代理乙方的委托代理关系为最终成立条件。

三、代理贴现金额采取以下第________项方式确定：

1. 乙方授权甲方在________万元额度内可直接凭票及跟单资料向丙方申请办理贴现。

2. 乙方通过填写《委托代理贴现授权书》进行单笔（批）授权，金额以授权书所载金额为准。

四、协议各方承担的义务

（一）甲方

1. 代理乙方填写《贴现申请书》、贴现凭证，对上述凭证资料签章并按规定注明代理关系。

2. 在银行承兑汇票上作为代理方进行贴现转让背书时，在票据和贴现凭证上注明代理关系。

3. 提供给丙方的资料真实合法。

如甲方本身为票据当事人，除上述 1 ~ 3 条所规定的义务内，还需承担：____。

4. 甲方为票据出票人或承兑人时，履行票据到期付款责任。

5. 甲方为除票据出票人或承兑人以外的其他当事人，即在票据上作为代理人之外，亦为当事人时，其在票据上背书，依法承担票据连带责任。

（二）乙方

1. 为甲方行使代理权提供所需的所有法律文件。

2. 为甲方向丙方申请代理贴现时提供贴现需要的真实交易合同、发票等相关资料。

3. 授权丙方将贴现资金划入其指定的收款账号。

4. 确保贴现资金用途的合法性。

5. 具有贴现的资格，并保证所提供的贴现资料的真实合法性。

6. 承担代理权限范围内行为的法律后果。

（三）丙方

1. 对符合丙方额度管理、风险管理等各方面要求的票据贴现申请予以及时办理。

2. 根据本协议第六条第（二）款约定收取贴现利息。

3. 根据乙方授权将贴现资金划入指定账户。

五、贴现资金划转

乙方授权丙方将贴现资金划入以下指定收款账号：______________，户名：______________开户行：______________。收款账号需要变更的，乙方应提前书面告知甲方和丙方。

六、贴现利率确定方式和利息支付方式

(一)甲、乙双方约定本协议项下所有票据代理贴现业务应按以下第____项规定的利率确定方式对贴现利率予以确认:

1. 乙方全权委托甲方跟丙方协商确认。

2. 其他____。

(二)本协议项下所有票据代理贴现业务按以下第____项规定的利息支付方式向丙方支付贴现利息:

1. 卖方(即本协议中____方)付息____________________________。

2. 买方(即本协议中____方)付息____________________________。

七、代理费用

甲、乙双方约定本协议项下代理费用按以下第________项规定收取:

(一)甲方不向乙方收取代理手续费。

(二)甲方向乙方收取代理手续费,费率为每笔贴现票面金额的________。

八、其他

1. 本协议未尽事项由三方友好协商解决;协商不成的,任何一方均可向丙方所在地人民法院提起诉讼。

2. 本合同经三方签字、盖章后即生效,法定代表人授权签章的必须出具授权委托书。

3. 本协议有效期自签署之日起至______年______月______日止,到期时甲乙双方未提出书面异议并书面告知丙方,丙方同样未提出异议的,则协议有效期顺延一年。

4. 本协议一式三份,甲、方、丙三方各执一份,每份均具有同等法律效力。

甲方单位盖章：

法定代表人或委托代理人签字：

年 月 日

乙方单位盖章：

法定代表人或委托代理人签字：

年 月 日

丙方单位盖章：

负责人或委托代理人签字：

年 月 日

附录3

立金银行培训使用的真实商票课件

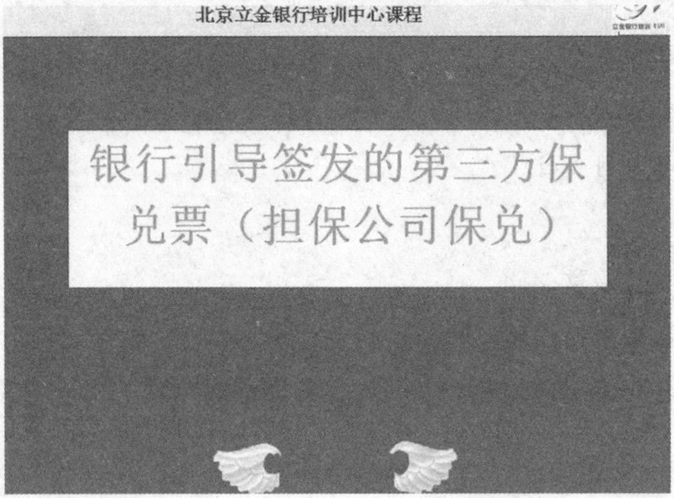

分析：由担保公司对商业承兑汇票提供保兑服务，思路非常新颖，值得每个银行客户经理和担保公司人员认真学习借鉴。

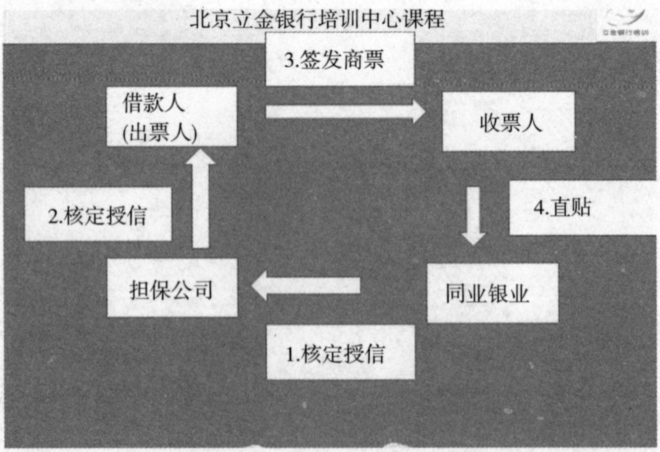

分析：由借款人签发商业承兑汇票，由担保公司承兑后，商业承兑汇票交付给收款人，收款人持商业承兑汇票向银行申请贴现服务。占用银行对担保公司核定的授信额度内操作。

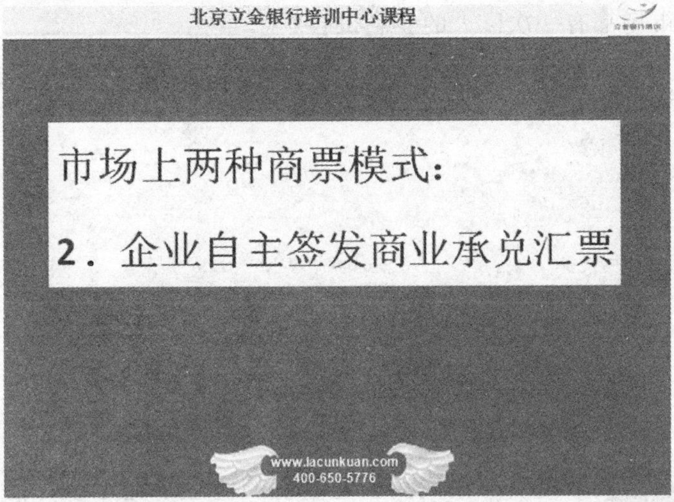

分析：大型企业根据自身需要，在交易中自主签发商业承兑汇票，用于合同采购支付需要。在国内，中国石油、武钢集团、神州数码集团等特大型公司均是自行签发商业承兑汇票用于合同款支付。

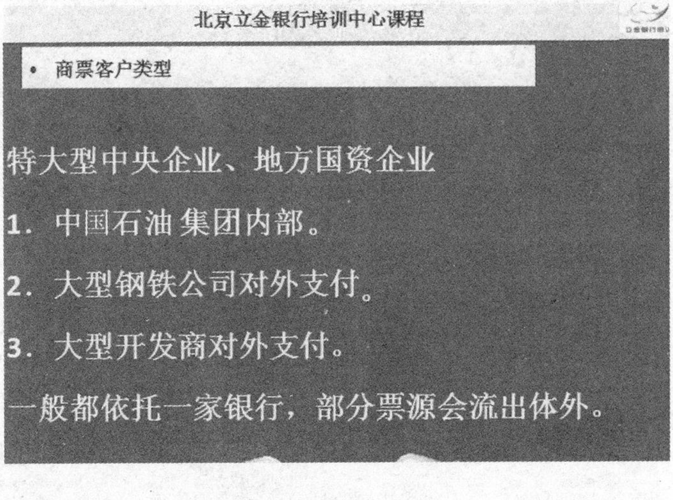

分析：特大型中央企业、特大型开发商都是根据自身的付款需要，在市场上自行签发商业承兑汇票。由于这类客户信誉卓著，签发的商业承兑汇票会被市场接受。其实，中国石油、中国石化签发商业承兑汇票，对于整个市场都有一次巨大的获利机会。

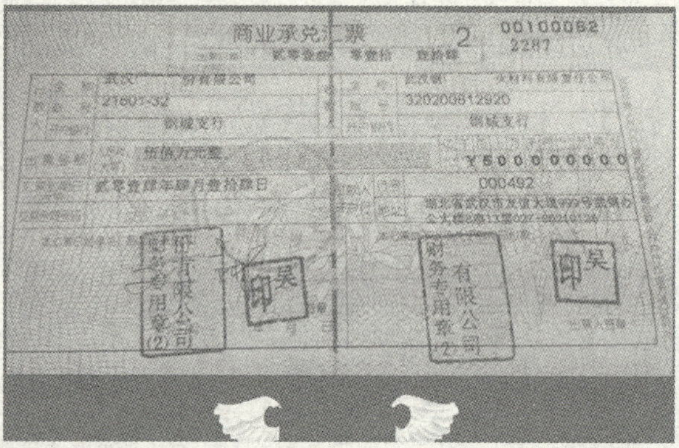

分析：给大家提供一张武汉企业签发的商业承兑汇票，在市场上获得广泛认同，很容易被贴现。武汉钢铁股份有限公司属于特大型上市公司，实力极为强大，这张商业承兑汇票风险极小。

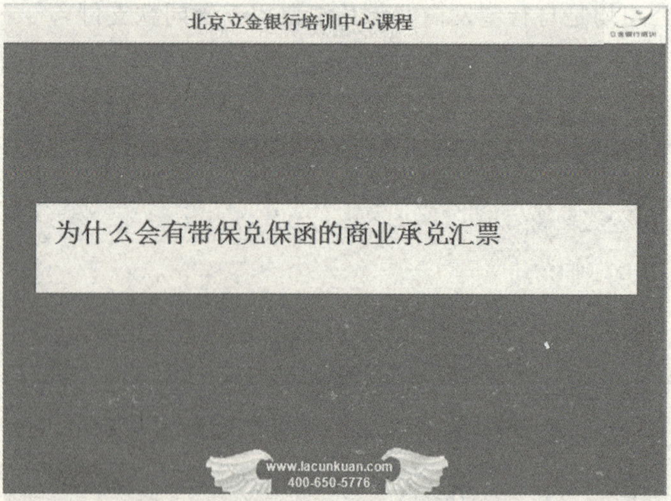

分析：最近，在市场上出现了大量带有保兑保函的商业承兑汇票，这类保函有一定的政策支持背景，值得大家认真学习。

文件依据：《中国人民银行关于促进商业承兑汇票业务发展的指导意见（银发〔2006〕385号）》。

商业银行要转变观念，创新商业承兑汇票业务的开展形式，发掘新的利润增长点，实现银企双赢；要继续探索建立票据专营机构，扩展和健全票据专营机构的业务范围，促进票据业务的专业化、集约化经营；大力推广银行信用助推企业商业信用的模式，探索保函业务、票据保证业务与商业承兑汇票业务的结合，采取对商业承兑汇票保证、保贴等形式，提高商业承兑汇票信用保障程度；做好对商业承兑汇票的授信工作，对信用状况良好的企业签发的商业承兑汇票给予贴现支持。

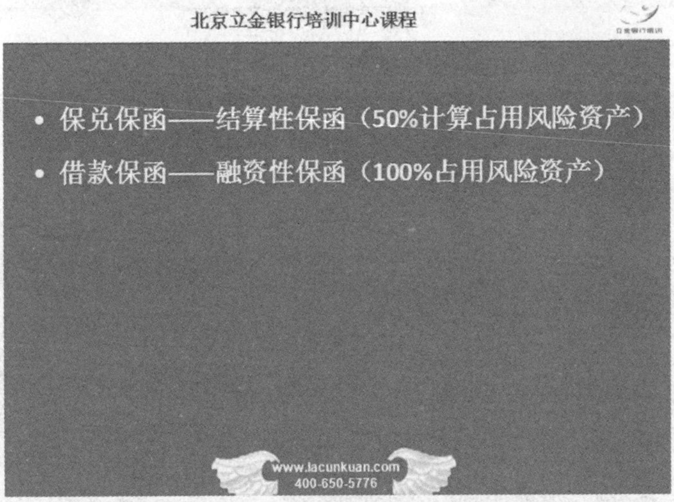

分析：什么叫结算性保函和融资性保函，这两类保函的功能截然不同，带来的效果也大相径庭。

文件依据：《商业银行资本管理办法（试行）》。

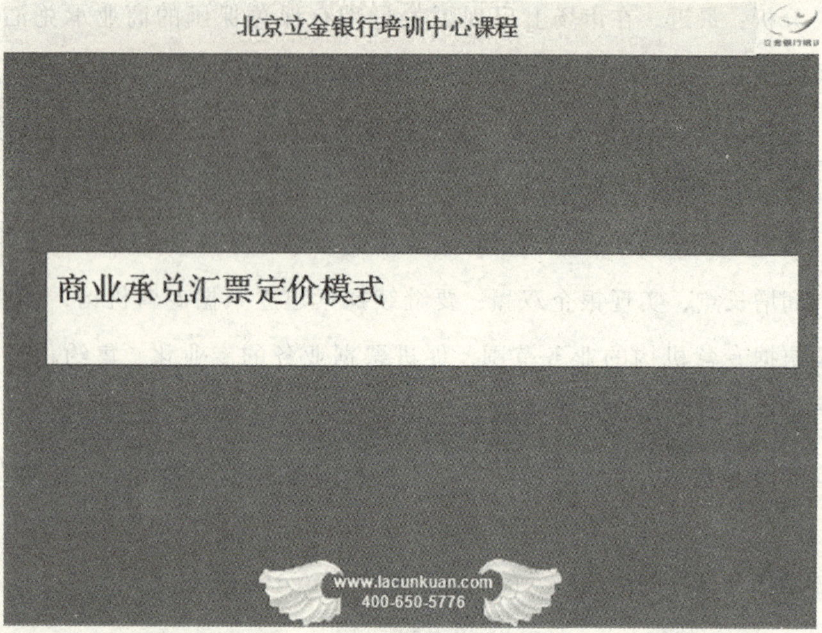
北京立金银行培训中心课程
立金银行培训
商业承兑汇票定价模式
www.lacunkuan.com
400-650-5776

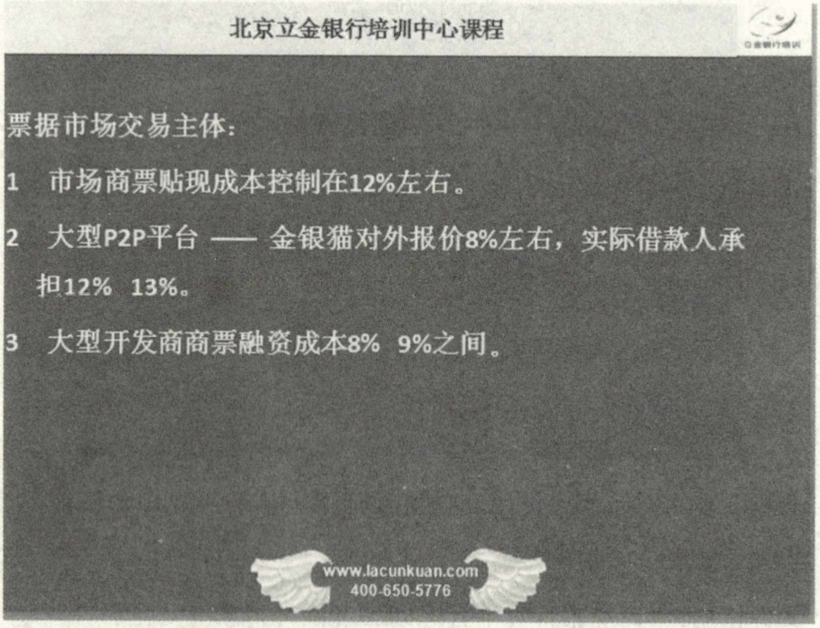
北京立金银行培训中心课程
立金银行培训
票据市场交易主体：
1 市场商票贴现成本控制在12%左右。
2 大型P2P平台 —— 金银猫对外报价8%左右，实际借款人承担12% 13%。
3 大型开发商商票融资成本8% 9%之间。
www.lacunkuan.com
400-650-5776

分析：

市场上，商业承兑汇票的融资成本控制在12%左右，而商业承兑汇票给所有的操作主体都留下了巨大的利润空间。

大型开发商均在签发商业承兑汇票，例如万科地产股份有限公司、保利地产股份有限公司、恒大地产集团等特大型客户均在尝试签发商业承兑汇票。

而市场上，大型互联网金融平台也在不断推出商业承兑汇票产品，整个市场对商业承兑汇票处于高度兴奋之中。

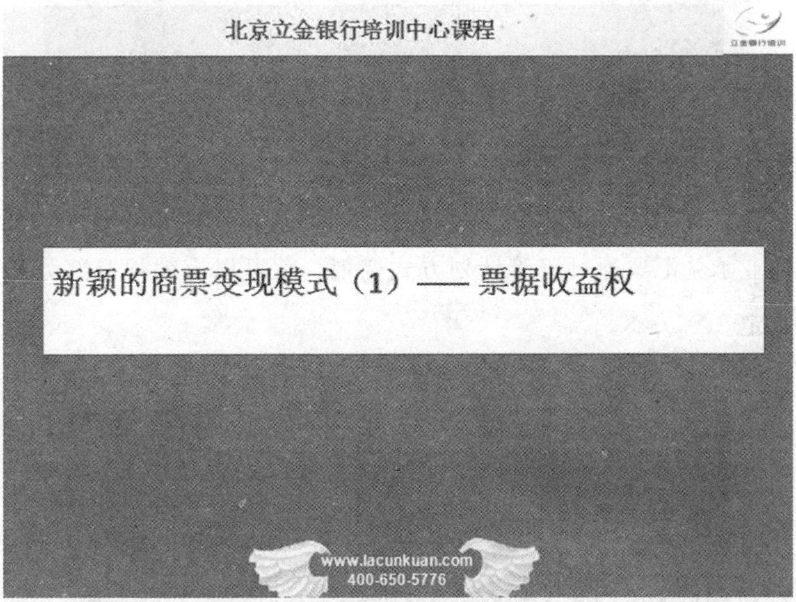

分析：商业承兑汇票可以采取收益权转让方式进行变现，这种变现方式可以省去发票和合同，进一步降低交易成本。但是，从操作方式讲，仍然要强调必须依托真实的贸易背景。

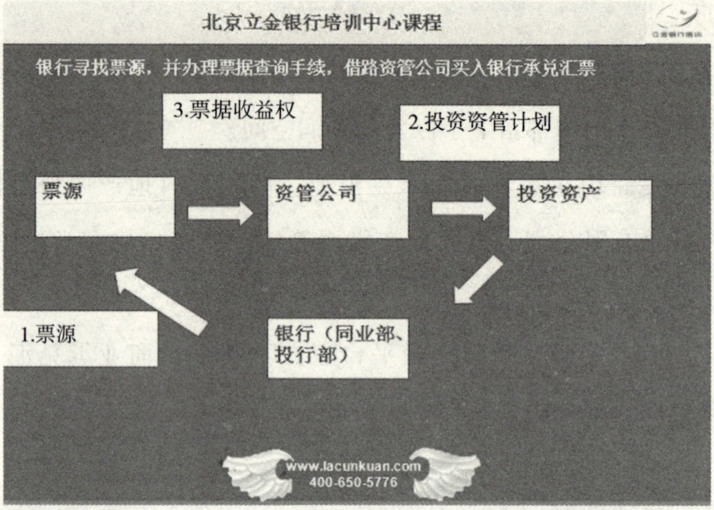

分析：商业承兑汇票的收益权一般通过资管公司的方式进行消化，而且必须有银行的同业部和同行部的介入。

目前，很多银行的同业部和投行部作为商业承兑汇票的变现主体出现，商业承兑汇票通过资管计划方式变现，就可以有效规避部分贸易背景的规定。

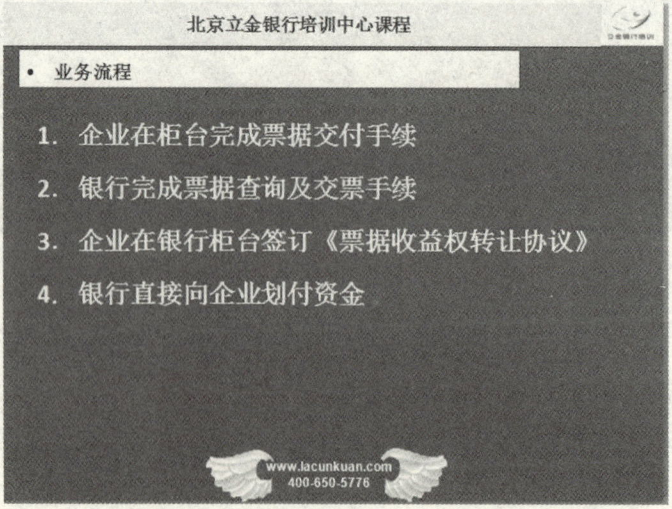

附录 4

表内资产风险权重、表外项目信用转换系数及合格信用风险缓释工具

一、表内资产风险权重

表 1　表内资产风险权重表

项目	权重
1　现金类资产	
1.1　现金	0%
1.2　黄金	0%
1.3　存放中国人民银行款项	0%
2　对中央政府和中央银行的债权	
2.1　对我国中央政府的债权	0%
2.2　对中国人民银行的债权	0%
2.3　对评级 AA－（含 AA－）以上的国家或地区的中央政府和中央银行的债权	0%
2.4　对评级 AA－以下，A－（含 A－）以上的国家或地区的中央政府和中央银行的债权	20%
2.5　对评级 A－以下，BBB－（含 BBB－）以上的国家或地区的中央政府和中央银行的债权	50%
2.6　对评级 BBB－以下，B－（含 B－）以上的国家或地区的中央政府和中央银行的债权	100%
2.7　对评级 B－以下的国家或地区的中央政府和中央银行的债权	150%
2.8　对未评级的国家或地区的中央政府和中央银行的债权	100%

续表

项目	权重
3　对我国公共部门实体的债权	20%
4　对我国金融机构的债权	
4.1　对我国政策性银行的债权（不包括次级债权）	0%
4.2　对我国中央政府投资的金融资产管理公司的债权	
4.2.1　持有我国中央政府投资的金融资产管理公司为收购国有银行不良贷款而定向发行的债券	0%
4.2.2　对我国中央政府投资的金融资产管理公司的其他债权	100%
4.3　对我国其他商业银行的债权（不包括次级债权）	
4.3.1　原始期限 3 个月以内	20%
4.3.2　原始期限 3 个月以上	25%
4.4　对我国商业银行的次级债权（未扣除部分）	100%
4.5　对我国其他金融机构的债权	100%
5　对在其他国家或地区注册的金融机构和公共部门实体的债权	
5.1　对评级 AA－（含 AA－）以上国家或地区注册的商业银行和公共部门实体的债权	25%
5.2　对评级 AA－以下，A－（含 A－）以上国家或地区注册的商业银行和公共部门实体的债权	50%
5.3　对评级 A－以下，B－（含 B－）以上国家或地区注册的商业银行和公共部门实体的债权	100%
5.4　对评级 B－以下国家或地区注册的商业银行和公共部门实体的债权	150%
5.5　对未评级的国家或地区注册的商业银行和公共部门实体的债权	100%
5.6　对多边开发银行、国际清算银行及国际货币基金组织的债权	0%
5.7　对其他金融机构的债权	100%
6　对一般企业的债权	100%
7　对符合标准的微型和小型企业的债权	75%

续表

项目	权重
8　对个人的债权	
8.1　个人住房抵押贷款	50%
8.2　对已抵押房产，在购房人没有全部归还贷款前，商业银行以再评估后的净值为抵押追加贷款的，追加的部分	150%
8.3　对个人其他债权	75%
9　租赁资产余值	100%
10　股权	
10.1　对金融机构的股权投资（未扣除部分）	250%
10.2　被动持有的对工商企业的股权投资	400%
10.3　因政策性原因并经国务院特别批准的对工商企业的股权投资	400%
10.4　对工商企业的其他股权投资	1250%
11　非自用不动产	
11.1　因行使抵押权而持有并在法律规定处分期限内的非自用不动产	100%
11.2　其他非自用不动产	1250%
12　其他	
12.1　依赖于银行未来盈利的净递延税资产（未扣除部分）	250%
12.2　其他表内资产	100%

二、表外项目信用转换系数

表2　表外项目信用转换系数表

项目	信用转换系数
1　等同于贷款的授信业务	100%
2　贷款承诺	
2.1　原始期限不超过1年的贷款承诺	20%
2.2　原始期限1年以上的贷款承诺	50%

续表

项目	信用转换系数
2.3　可随时无条件撤销的贷款承诺	0%
3　未使用的信用卡授信额度	
3.1　一般未使用额度	50%
3.2　符合标准的未使用额度	20%
4　票据发行便利	50%
5　循环认购便利	50%
6　银行借出的证券或用作抵押物的证券	100%
7　与贸易直接相关的短期或有项目	20%
8　与交易直接相关的或有项目	50%
9　信用风险仍在银行的资产销售与购买协议	100%
10　远期资产购买、远期定期存款、部分交款的股票及证券	100%
11　其他表外项目	100%

（一）等同于贷款的授信业务，包括一般负债担保、承兑汇票、具有承兑性质的背书及融资性保函等。

（二）与贸易直接相关的短期或有项目，主要指有优先索偿权的装运货物作抵押的跟单信用证。

（三）与交易直接相关的或有项目，包括投标保函、履约保函、预付保函、预留金保函等。

（四）信用风险仍在银行的资产销售与购买协议，包括资产回购协议和有追索权的资产销售。

附录5

电子商业汇票业务管理办法

第一章 总 则

第一条 为规范电子商业汇票业务，保障电子商业汇票活动中当事人的合法权益，促进电子商业汇票业务发展，依据《中华人民共和国中国人民银行法》、《中华人民共和国票据法》、《中华人民共和国电子签名法》、《中华人民共和国物权法》、《票据管理实施办法》等有关法律法规，制定本办法。

第二条 电子商业汇票是指出票人依托电子商业汇票系统，以数据电文形式制作的，委托付款人在指定日期无条件支付确定金额给收款人或者持票人的票据。

电子商业汇票分为电子银行承兑汇票和电子商业承兑汇票。

电子银行承兑汇票由银行业金融机构、财务公司（以下统称金融机构）承兑；电子商业承兑汇票由金融机构以外的法人或其他组织承兑。

电子商业汇票的付款人为承兑人。

第三条 电子商业汇票系统是经中国人民银行批准建立，依托网络和计算机技术，接收、存储、发送电子商业汇票数据电文，提供与电子商业汇票货币给付、资金清算行为等相关服务的业务处理平台。

第四条 电子商业汇票各当事人应本着诚实信用原则，按照本办法的规定作出票据行为。

第五条 电子商业汇票的出票、承兑、背书、保证、提示付款和追索等业务，必须通过电子商业汇票系统办理。

第六条 电子商业汇票业务主体的类别分为：

（一）直接接入电子商业汇票系统的金融机构（以下简称接入机构）。

（二）通过接入机构办理电子商业汇票业务的金融机构（以下简称被代理机构）。

（三）金融机构以外的法人及其他组织。

电子商业汇票系统对不同业务主体分配不同的类别代码。

第七条 票据当事人办理电子商业汇票业务应具备中华人民共和国组织机构代码。

被代理机构、金融机构以外的法人及其他组织应通过接入机构办理电子商业汇票业务，并在接入机构开立账户。

第八条 接入机构提供电子商业汇票业务服务，应对客户基本信息的真实性负审核责任，并依据本办法及相关规定，与客户签订电子商业汇票业务服务协议，明确双方的权利和义务。

客户基本信息包括客户名称、账号、组织机构代码和业务主体类别等信息。

第九条 电子商业汇票系统运营者由中国人民银行指定和监管。

第十条 接入机构应按规定向客户和电子商业汇票系统转发电子商业汇票信息，并保证内部系统存储的电子商业汇票信息与电子商业汇票系统存储的相关信息相符。

第十一条 电子商业汇票信息以电子商业汇票系统的记录为准。

第十二条 电子商业汇票以人民币为计价单位。

第二章 基本规定

第十三条 电子商业汇票为定日付款票据。

电子商业汇票的付款期限自出票日起至到期日止，最长不得超过1年。

第十四条 票据当事人在电子商业汇票上的签章，为该当事人可靠的电子签名。

电子签名所需的认证服务应由合法的电子认证服务提供者提供。

可靠的电子签名必须符合《中华人民共和国电子签名法》第十三条第一款的规定。

第十五条 电子商业汇票业务活动中，票据当事人所使用的数据电文和电子签名应符合《中华人民共和国电子签名法》的有关规定。

第十六条 客户开展电子商业汇票活动时，其签章所依赖的电子签名制作数据和电子签名认证证书，应向接入机构指定的电子认证服务提供者的注册审批机构申请。

接入机构为客户提供电子商业汇票业务服务或作为电子商业汇票当事人时，其签章所依赖的电子签名制作数据和电子签名认证证书，应向电子商业汇票系统运营者指定的电子认证服务提供者的注册审批机构申请。

第十七条 接入机构、电子商业汇票系统运营者指定的电子认证服务机构提供者，应对电子签名认证证书申请者的身份真实性负审核责任。

电子认证服务提供者依据《中华人民共和国电子签名法》承担相应责任。

第十八条 接入机构应对通过其办理电子商业汇票业务客户的电子签名真实性负审核责任。

电子商业汇票系统运营者应对接入机构的身份真实性和电子签名真实性负审核责任。

第十九条 电子商业汇票系统应实时接收、处理电子商业汇票信息，并向相关票据当事人的接入机构实时发送；接入机构应实时接收、处理电子商业汇票信息，并向相关票据当事人实时发送。

第二十条 出票人签发电子商业汇票，应将其交付收款人。

电子商业汇票背书，背书人应将电子商业汇票交付被背书人。

电子商业汇票质押解除，质权人应将电子商业汇票交付出质人。

交付是指票据当事人将电子商业汇票发送给受让人，受让人签收的行为。

第二十一条 本办法所称签收，是指票据当事人同意接受其他票据当事人的行为申请，签章并发送电子指令予以确认的行为。

本办法所称驳回，是指票据当事人拒绝接受其他票据当事人的行为申请，签章并发送电子指令予以确认的行为。

收款人、被背书人可与接入机构签订协议，委托接入机构代为签收或驳回行为申请，并代理签章。

商业承兑汇票的承兑人应与接入机构签订协议，在本办法规定的情况下，由接入机构代为签收或驳回提示付款指令，并代理签章。

第二十二条 出票人或背书人在电子商业汇票上记载了“不得转让”事项的，电子商业汇票不得继续背书。

第二十三条 票据当事人通过电子商业汇票系统作出行为申请，行为接收方未签收且未驳回的，票据当事人可撤销该行为申请。电子商业汇票系统为行为接收方的，票据当事人不得撤销。

第二十四条 电子商业汇票的出票日是指出票人记载在电子商业汇票上的出票日期。

电子商业汇票的提示付款日是指提示付款申请的指令进入电子商业

汇票系统的日期。

电子商业汇票的拒绝付款日是指驳回提示付款申请的指令进入电子商业汇票系统的日期。

电子商业汇票追索行为的发生日是指追索通知的指令进入电子商业汇票系统的日期。

承兑、背书、保证、质押解除、付款和追索清偿等行为的发生日是指相应的签收指令进入电子商业汇票系统的日期。

第二十五条 电子商业汇票责任解除前，电子商业汇票的承兑人不得撤销原办理电子商业汇票业务的账户，接入机构不得为其办理销户手续。

第二十六条 接入机构终止提供电子商业汇票业务服务的，应按规定由其他接入机构承接其电子商业汇票业务服务。

第三章 票据行为

第一节 出 票

第二十七条 电子商业汇票的出票，是指出票人签发电子商业汇票并交付收款人的票据行为。

出票人在电子商业汇票交付收款人前，可办理票据的未用退回。

出票人不得在提示付款期后将票据交付收款人。

第二十八条 电子商业汇票的出票人必须为金融机构以外的法人或其他组织。

电子银行承兑汇票的出票人应在承兑金融机构开立账户。

第二十九条 电子商业汇票出票必须记载下列事项：

（一）表明“电子银行承兑汇票”或“电子商业承兑汇票”的字样。

（二）无条件支付的委托。

（三）确定的金额。

（四）出票人名称。

（五）付款人名称。

（六）收款人名称。

（七）出票日期。

（八）票据到期日。

（九）出票人签章。

第三十条 出票人可在电子商业汇票上记载自身的评级信息，并对记载信息的真实性负责，但该记载事项不具有票据上的效力。

评级信息包括评级机构、信用等级和评级到期日。

第二节 承 兑

第三十一条 电子商业汇票的承兑，是指付款人承诺在票据到期日支付电子商业汇票金额的票据行为。

第三十二条 电子商业汇票交付收款人前，应由付款人承兑。

第三十三条 电子银行承兑汇票由真实交易关系或债权债务关系中的债务人签发，并交由金融机构承兑。

电子银行承兑汇票的出票人、收款人不得为同一人。

第三十四条 电子商业承兑汇票的承兑有以下几种方式：

（一）真实交易关系或债权债务关系中的债务人签发并承兑。

（二）真实交易关系或债权债务关系中的债务人签发，交由第三人承兑。

（三）第三人签发，交由真实交易关系或债权债务关系中的债务人承兑。

（四）收款人签发，交由真实交易关系或债权债务关系中的债务人承兑。

第三十五条　电子银行承兑汇票的出票人应向承兑金融机构提交真实、有效、用以证实真实交易关系或债权债务关系的交易合同或其他证明材料，并在电子商业汇票上作相应记录，承兑金融机构应负责审核。

第三十六条　承兑人应在票据到期日前，承兑电子商业汇票。

第三十七条　承兑人承兑电子商业汇票，必须记载下列事项：

（一）表明“承兑”的字样。

（二）承兑日期。

（三）承兑人签章。

第三十八条　承兑人可在电子商业汇票上记载自身的评级信息，并对记载信息的真实性负责，但该记载事项不具有票据上的效力。

评级信息包括评级机构、信用等级和评级到期日。

第三节　转让背书

第三十九条　转让背书是指持票人将电子商业汇票权利依法转让给他人的票据行为。

票据在提示付款期后，不得进行转让背书。

第四十条　转让背书应当基于真实、合法的交易关系和债权债务关系，或以税收、继承、捐赠、股利分配等合法行为为基础。

第四十一条　转让背书必须记载下列事项：

（一）背书人名称。

（二）被背书人名称。

（三）背书日期。

（四）背书人签章。

第四节　贴现、转贴现和再贴现

第四十二条　贴现是指持票人在票据到期日前，将票据权利背书转让给金融机构，由其扣除一定利息后，将约定金额支付给持票人的票据行为。

转贴现是指持有票据的金融机构在票据到期日前，将票据权利背书转让给其他金融机构，由其扣除一定利息后，将约定金额支付给持票人的票据行为。

再贴现是指持有票据的金融机构在票据到期日前，将票据权利背书转让给中国人民银行，由其扣除一定利息后，将约定金额支付给持票人的票据行为。

第四十三条　贴现、转贴现和再贴现按照交易方式，分为买断式和回购式。

买断式是指贴出人将票据权利转让给贴入人，不约定日后赎回的交易方式。

回购式是指贴出人将票据权利转让给贴入人，约定日后赎回的交易方式。

电子商业汇票贴现、转贴现和再贴现业务中转让票据权利的票据当事人为贴出人，受让票据权利的票据当事人为贴入人。

第四十四条　电子商业汇票当事人在办理回购式贴现、回购式转贴现和回购式再贴现业务时，应明确赎回开放日、赎回截止日。

赎回开放日是指办理回购式贴现赎回、回购式转贴现赎回和回购式再贴现赎回业务的起始日期。

赎回截止日是指办理回购式贴现赎回、回购式转贴现赎回和回购式再贴现赎回业务的截止日期，该日期应早于票据到期日。

自赎回开放日起至赎回截止日止，为赎回开放期。

第四十五条　在赎回开放日前，原贴出人、原贴入人不得作出除追索外的其他票据行为。

回购式贴现、回购式转贴现和回购式再贴现业务的原贴出人、原贴入人应按照协议约定，在赎回开放期赎回票据。

在赎回开放期未赎回票据的，原贴入人在赎回截止日后只可将票据背书给他人或行使票据权利，除票据关系以外的其他权利义务关系由双方协议约定。

第四十六条　持票人申请贴现时，应向贴入人提供用以证明其与直接前手间真实交易关系或债权债务关系的合同、发票等其他材料，并在电子商业汇票上作相应记录，贴入人应负责审查。

第四十七条　电子商业汇票贴现、转贴现和再贴现必须记载下列事项：

（一）贴出人名称。

（二）贴入人名称。

（三）贴现、转贴现或再贴现日期。

（四）贴现、转贴现或再贴现类型。

（五）贴现、转贴现或再贴现利率。

（六）实付金额。

（七）贴出人签章。

实付金额为贴入人实际支付给贴出人的金额。

回购式贴现、回购式转贴现和回购式再贴现还应记载赎回开放日和赎回截止日。

贴现还应记载贴出人贴现资金入账信息。

第四十八条 电子商业汇票回购式贴现、回购式转贴现和回购式再贴现赎回应作成背书，并记载下列事项：

（一）原贴出人名称。

（二）原贴入人名称。

（三）赎回日期。

（四）赎回利率。

（五）赎回金额。

（六）原贴入人签章。

第四十九条 贴现和转贴现利率、期限等由贴出人与贴入人协商确定。

再贴现利率由中国人民银行规定。

第五十条 电子商业汇票贴现、转贴现和再贴现可选择票款对付方式或其他方式清算资金。

本办法所称票款对付，是指票据交付和资金交割同时完成，并互为条件的一种交易方式。

第五节 质 押

第五十一条 电子商业汇票的质押，是指电子商业汇票持票人为了给债权提供担保，在票据到期日前在电子商业汇票系统中进行登记，以该票据为债权人设立质权的票据行为。

第五十二条 主债务到期日先于票据到期日，且主债务已经履行完毕的，质权人应按约定解除质押。

主债务到期日先于票据到期日，且主债务到期未履行的，质权人可行使票据权利，但不得继续背书。

票据到期日先于主债务到期日的，质权人可在票据到期后行使票据权利，并与出质人协议将兑现的票款用于提前清偿所担保的债权或继续作为债权的担保。

第五十三条 电子商业汇票质押，必须记载下列事项：

（一）出质人名称。

（二）质权人名称。

（三）质押日期。

（四）表明“质押”的字样。

（五）出质人签章。

第五十四条 电子商业汇票质押解除，必须记载下列事项：

（一）表明“质押解除”的字样。

（二）质押解除日期。

第六节 保 证

第五十五条 电子商业汇票的保证，是指电子商业汇票上记载的债务人以外的第三人保证该票据获得付款的票据行为。

第五十六条 电子商业汇票获得承兑前，保证人作出保证行为的，被保证人为出票人。

电子商业汇票获得承兑后、出票人将电子商业汇票交付收款人前，保证人作出保证行为的，被保证人为承兑人。

出票人将电子商业汇票交付收款人后，保证人作出保证行为的，被保证人为背书人。

第五十七条 电子商业汇票保证，必须记载下列事项：

（一）表明“保证”的字样。

（二）保证人名称。

（三）保证人住所。

（四）被保证人名称。

（五）保证日期。

（六）保证人签章。

第七节 付 款

第五十八条 提示付款是指持票人通过电子商业汇票系统向承兑人请求付款的行为。

持票人应在提示付款期内向承兑人提示付款。

提示付款期自票据到期日起10日，最后一日遇法定休假日、大额支付系统非营业日、电子商业汇票系统非营业日顺延。

纸票用语都是托收，而电子商业汇票都是提示付款。

第五十九条 持票人在票据到期日前提示付款的，承兑人可付款或拒绝付款，或于到期日付款。承兑人拒绝付款或未予应答的，持票人可待票据到期后再次提示付款。

第六十条 持票人在提示付款期内提示付款的，承兑人应在收到提示付款请求的当日至迟次日（遇法定休假日、大额支付系统非营业日、电子商业汇票系统非营业日顺延）付款或拒绝付款。

持票人超过提示付款期提示付款的，接入机构不得拒绝受理。持票人在作出合理说明后，承兑人仍应当承担付款责任，并在上款规定的期限内付款或拒绝付款。

电子商业承兑汇票承兑人在票据到期后收到提示付款请求，且在收到该请求次日起第3日（遇法定休假日、大额支付系统非营业日、电子商业汇票系统非营业日顺延）仍未应答的，接入机构应按其与承兑人签订的《电子商业汇票业务服务协议》，进行如下处理：

（一）承兑人账户余额在该日电子商业汇票系统营业截止时足够支付

票款的，则视同承兑人同意付款，接入机构应扣划承兑人账户资金支付票款，并在下一日（遇法定休假日、大额支付系统非营业日、电子商业汇票系统非营业日顺延）电子商业汇票系统营业开始时代承兑人作出付款应答，并代理签章。

（二）承兑人账户余额在该日电子商业汇票系统营业截止时不足以支付票款的，则视同承兑人拒绝付款，接入机构应在下一日（遇法定休假日、大额支付系统非营业日、电子商业汇票系统非营业日顺延）电子商业汇票系统营业开始时代承兑人作出拒付应答，并代理签章。

第六十一条　接入机构应及时将持票人的提示付款请求通知电子商业承兑汇票的承兑人。通知方式由接入机构与承兑人自行约定。

第六十二条　持票人可选择票款对付方式或其他方式向承兑人提示付款。

第六十三条　电子商业汇票提示付款，必须记载下列事项：

（一）提示付款日期。

（二）提示付款人签章。

持票人可与接入机构签订协议，委托接入机构代为提示付款并代理签章。

第六十四条　承兑人付款或拒绝付款，必须记载下列事项：

（一）承兑人名称。

（二）付款日期或拒绝付款日期。

（三）承兑人签章。

承兑人拒绝付款的，还应注明拒付理由。

第八节　追　索

第六十五条　追索分为拒付追索和非拒付追索。

拒付追索是指电子商业汇票到期后被拒绝付款，持票人请求前手付款的行为。

非拒付追索是指存在下列情形之一，持票人请求前手付款的行为：

（一）承兑人被依法宣告破产的。

（二）承兑人因违法被责令终止业务活动的。

第六十六条 持票人在票据到期日前被拒付的，不得拒付追索。

持票人在提示付款期内被拒付的，可向所有前手拒付追索。

持票人超过提示付款期提示付款被拒付的，若持票人在提示付款期内曾发出过提示付款，则可向所有前手拒付追索；若未在提示付款期内发出过提示付款，则只可向出票人、承兑人拒付追索。

第六十七条 追索时，追索人应当提供拒付证明。

拒付追索时，拒付证明为票据信息和拒付理由。

非拒付追索时，拒付证明为票据信息和相关法律文件。

第六十八条 持票人因电子商业汇票到期后被拒绝付款或法律法规规定其他原因，拥有的向票据债务人追索的权利，在下列期间内不行使而消灭：

（一）持票人对出票人、承兑人追索和再追索权利时效，自票据到期日起2年，且不短于持票人对其他前手的追索和再追索权利时效。

（二）持票人对其他前手的追索权利时效，自被拒绝付款之日起6个月；持票人对其他前手的再追索权利时效，自清偿日或被提起诉讼之日起3个月。

第六十九条 持票人发出追索通知，必须记载下列事项：

（一）追索人名称。

（二）被追索人名称。

（三）追索通知日期。

（四）追索类型。

（五）追索金额。

（六）追索人签章。

第七十条 电子商业汇票清偿，必须记载下列事项：

（一）追索人名称。

（二）清偿人名称。

（三）同意清偿金额。

（四）清偿日期。

（五）清偿人签章。

第四章 信息查询

第七十一条 票据当事人可通过接入机构查询与其相关的电子商业汇票票据信息。

第七十二条 接入机构应记录其与电子商业汇票系统之间发送和接收的电子商业汇票票据信息，并按规定将该信息向客户展示。

票据信息包括票面信息和行为信息。

票面信息是指出票人将票据交付收款人后、其他行为发生前，记载在票据上的所有信息。

行为信息是指票据行为的必须记载事项。

第七十三条 出票人可查询电子商业汇票票面信息。

承兑人在收到提示付款申请前，可查询电子商业汇票票面信息。收到提示付款申请后，可查询该票据的所有票据信息。

收款人、被背书人和保证人可查询自身作出的行为信息及之前的票据信息。

持票人可查询所有票据信息。

在追索阶段，被追索人可查询所有票据信息。

第七十四条 票据当事人对票据信息有异议的，应通过接入机构向电子商业汇票系统运营者提出书面申请，电子商业汇票系统运营者应在10个工作日内按照查询权限办理相关查询业务。

第七十五条 电子商业汇票所有票据行为中，处于待签收状态的接收方可向电子商业汇票系统查询该票据承兑人和行为发起方的电子商业汇票支付信用信息。

第七十六条 电子商业汇票系统仅提供票据当事人的电子商业汇票支付信用信息，不对其进行信用评价或评级。

第五章 法律责任

第七十七条 电子商业汇票发生法律纠纷时，电子商业汇票系统运营者负有出具电子商业汇票系统相关记录的义务。

第七十八条 承兑人应及时足额支付电子商业汇票票款。承兑人故意压票、拖延支付，影响持票人资金使用的，按中国人民银行规定的同档次流动资金贷款利率计付赔偿金。

第七十九条 电子银行承兑汇票的出票人于票据到期日未能足额交存票款时，承兑人除向持票人无条件付款外，对出票人尚未支付的汇票金额转入逾期贷款处理，并按照每天万分之五计收罚息。

第八十条 电子商业汇票相关各方存在下列情形之一，影响电子商业汇票业务处理或造成其他票据当事人资金损失的，应承担相应赔偿责任。中国人民银行有权视情节轻重对其处以警告或3万元以下罚款：

（一）作为电子银行承兑汇票承兑人的财务公司、电子商业承兑汇票的承兑人违反《中华人民共和国票据法》、《票据管理实施办法》和本办法规定无理拒付或拖延支付的。

（二）接入机构为客户提供电子商业汇票业务服务，未对客户基本信息尽审核义务的。

（三）为电子商业汇票业务活动提供电子认证服务的电子认证服务提供者，未依据《中华人民共和国电子签名法》承担相应责任的。

（四）接入机构为客户提供电子商业汇票业务服务，未对客户电子签名真实性进行认真审核，造成资金损失的。

（五）电子商业汇票系统运营者未对接入机构身份真实性和电子签名真实性进行认真审核，造成资金损失的。

（六）接入机构因清算资金不足导致电子商业汇票资金清算失败，给票据当事人造成损失的。

（七）接入机构因人为或系统原因未及时转发电子商业汇票信息，给票据当事人造成损失的。

（八）接入机构内部系统存储的电子商业汇票信息与电子商业汇票系统相关信息严重不符，给票据当事人造成损失的。

（九）接入机构的内部系统出现故障，未及时排除，造成重大影响的。

（十）电子商业汇票系统运营者运营的电子商业汇票系统出现故障，未及时排除，造成重大影响的。

（十一）电子商业汇票债务解除前，接入机构违反本办法规定为承兑人撤销账户的。

（十二）其他违反《中华人民共和国票据法》、《票据管理实施办法》

及本办法规定的行为。

第八十一条 电子商业汇票当事人应当妥善保管电子签名制作数据，严防泄露。因保管不善造成资金损失的，有关责任方应当依法承担赔偿责任。

第八十二条 金融机构发现利用电子商业汇票从事违法犯罪活动的，应依法履行报告义务。

第六章 附 则

第八十三条 电子商业汇票的数据电文格式和票据显示样式由中国人民银行统一规定。

第八十四条 本办法未尽事宜，遵照《中华人民共和国票据法》、《票据管理实施办法》等法律法规执行。

第八十五条 本办法由中国人民银行负责解释和修订。

第八十六条 本办法自公布之日起施行。

附录 6

立金银行培训名言

“每一次新的机遇的到来，都会造就一批富翁！”

每一批富翁都是：

当别人不明白的时候，他明白他在做什么；

当别人不理解的时候，他理解他在做什么；

当别人明白了，他富有了；当别人理解了，他成功了。

任何一次机遇的到来，都必将经历四个阶段：“看不见”、“看不起”、“看不懂”、“来不及”。

我们曾经看不起互联网，看不起马云，看不懂腾讯，直到最后来不及。

任何一次财富的缔造必将经历一个过程：“先知先觉经营者；后知后觉跟随者；不知不觉消费者！”反省一下，你有错过吗？人生比努力更重要的是选择！与时俱进是财富的源泉！

商业承兑汇票对于每个银行人、每个操作票据的票友都是一次机会，便利别人，成就自己。

对于银行客户经理而言，商业承兑汇票就是成就我们全新人生的机会；对于每个票据从业人员，商业承兑汇票就是我们重新获得财富洗牌的机会。